Ländliches Finanzwesen:
Ein Orientierungsrahmen

D1705069

Handbuchreihe
Ländliche Entwicklung

Ländliches Finanzwesen:
Ein Orientierungsrahmen

Bearbeitet von: Prof. Dr. R.H. Schmidt
unter Mitarbeit von Dr. Erhard Kropp
und Ernst Weires

Eschborn, 1987

Cip-Kurztitelaufnahme der Deutschen Bibliothek

Handbuchreihe ländliche Entwicklung /[Hrsg. Bundesministerium für wirtschaftliche Zusammenarbeit und Deutsche Gesellschaft für Technische Zusammenarbeit (GTZ) GmbH und Deutsche Stiftung für internationale Entwicklung (DSE)]. – Rossdorf: TZ-Verlagsgesellschaft

Teilw. verl. vom Bundesministerium für wirtschaftliche Zusammenarbeit, Bonn und der Deutschen Gesellschaft für Technische Zusammenarbeit (GTZ) GmbH, Eschborn und der Deutschen Stiftung für internationale Entwicklung (DSE), Berlin – Engl. Ausg. u.d.T.: Handbooks rural development. – Franz. Ausg. u.d.T.: Manuels développement rural

NE: Deutschland <Bundesrepublik>/Bundesministerium für wirtschaftliche Zusammenarbeit

Schmidt, Reinhard H.: Ländliches Finanzwesen. –1987

Schmidt, Reinhard H.: Ländliches Finanzwesen: Ein Orientierungsrahmen/bearb. von R.H. Schmidt. Unter Mitarb. von Erhard Kropp u. Ernst Weires. [Hrsg. Bundesministerium für wirtschaftliche Zusammenarbeit und Deutsche Gesellschaft für Technische Zusammenarbeit (GTZ) GmbH und Deutsche Stiftung für internationale Entwicklung (DSE)]. – Rossdorf: TZ-Verlagsgesellschaft, 1987

(Handbuchreihe ländliche Entwicklung)

ISBN 3-88085-350-9 (GTZ)

Herausgeber: Bundesministerium für wirtschaftliche Zusammenarbeit
Karl-Marx-Straße 4-6, D-5300 Bonn 1
und
Deutsche Gesellschaft für Technische Zusammenarbeit
(GTZ) GmbH, Dag-Hammarskjöld-Weg 1+2, D-6236 Eschborn
und
Deutsche Stiftung für internationale Entwicklung (DSE)
Rauchstraße 25, D-1000 Berlin 30

Fotos: Hans Dieter Seibel, Heike Boedicker, Dieter Lippmann, Wolfram Fischer, Erhard Kropp, Walter Scheffler und Dieter Roeloffs

Druck: typo-druck-rossdorf gmbh, D 6101 Roßdorf 1

Gesamtherstellung
und Vertrieb: TZ-Verlagsgesellschaft mbH, Postfach 1164, D 6101 Roßdorf 1

ISBN 3-88085-350-9

Printed in West Germany

Vorwort

Die Bemühungen der meisten Länder der Dritten Welt um eine nachhaltige wirtschaftliche Entwicklung erleiden immer wieder Rückschläge. Seit 1974 reißen insbesondere die außenwirtschaftlichen Erschütterungen nicht ab. Die Versuche, wirtschaftliches Wachstum, insbesondere der städtischen Gebiete, durch externe Finanzierung der Industrialisierung und der dazu nötigen Importe aufrechtzuerhalten, sind angesichts der Schuldenprobleme - 1986 betrug die Verschuldung bereits über 1.000 Milliarden US$ - nicht mehr aussichtsreich. Wirtschaftspolitische Kurskorrekturen sind in vielen Ländern der Dritten Welt unumgänglich.

In dieser Situation sind diese Länder darauf angewiesen, sich weitgehend aus eigener Kraft zu entwickeln. Das gilt sowohl generell wie besonders für die ländlichen Regionen. Die Mobilisierung und die möglichst wirtschaftliche Nutzung der eigenen Ressourcen und Potentiale durch eine Strategie der "Entwicklung von unten" tritt in den Vordergrund. Eine sich selbsttragende wirtschaftliche und soziale Entwicklung erfordert eine Aufwertung und Stärkung der arbeitsintensiven traditionellen und insbesondere ländlichen Wirtschaftssektoren wie der Landwirtschaft und des Kleingewerbes, die in eine ländliche Regionalentwicklung eingebunden sind. Nur eine an der Basis der ländlichen Wirtschaft ansetzende Strategie wird letztlich zu einer Sicherung der Nahrungsmittelversorgung und zu einer dauerhaften Deckung der Grundbedürfnisse führen und einer weiteren Verarmung der ländlichen Bevölkerung Einhalt gebieten.

Im Vordergrund muß die Eigenanstrengung der im ländlichen Raum lebenden Menschen und ihrer Organisationen und Institutionen stehen. Physische und monetäre Eigenleistungen der lokalen Bevölkerung müssen an die Stelle des allzu lang praktizierten kreditwirtschaftlichen "spoon

I

feeding" der staatlichen Stellen treten, die durch ihre paternalistische Wirtschaftspolitik vor allem die Eigeninitiative gelähmt und eine "Nehmermentalität" geweckt haben.

Für die Entfaltung der Eigeninitiative und für die Nutzung und Vermehrung ihrer Ressourcen und Potentiale braucht die ländliche Bevölkerung der Kleinbauern und Gewerbetreibenden - einschließlich ihrer Selbsthilfegruppen und Gemeinden - Rahmenbedingungen, die wirtschaftliche Selbständigkeit und Flexibilität möglich und lohnend machen. Sie brauchen aber auch eine den jeweiligen Verhältnissen und dem Bedarf angepaßte ländliche finanzielle Infrastruktur. Diese muß, ähnlich wie unsere ländlichen Genossenschaftsbanken und Sparkassen,

- finanzielle Mittel aus dem jeweiligen Wirtschaftsraum mobilisieren und auch dort wieder für die Betriebe der verschiedensten Wirtschaftszweige - wie Landwirtschaft, Dorfhandwerk, Rohstoffverarbeitung, Transport etc. - als Kredit bereitstellen;

- zur Entstehung und Ausweitung lokaler Finanz- und Gütermärkte, zu verstärkter Nachfrage und Beschäftigung und zur verbesserten Versorgung beitragen;

- den Eigentümern der mobilisierten Mittel zusätzliches Einkommen in Form von Zinserträgen ermöglichen und

- die Spartätigkeit und die Kreditversorgung miteinander verbinden und der sozialen Kontrolle von Sparern und Kreditnehmern unterstellen.

Ländliche Finanzinstitutionen, die diese Aufgaben erfüllen und dabei besonders ärmere Zielgruppen, Privatbetriebe, Selbsthilfegruppen und Selbsthilfeorganisationen in ihrem täglichen Bemühen um das wirtschaftliche Überleben in die Programme mit einbeziehen, bilden eine Grundvoraussetzung und somit ein wesentliches Instrument für die nötige "Entwicklung von unten".

Die deutsche Technische Zusammenarbeit unterstützt den Aufbau wirtschaftlich lebensfähiger ländlicher Finanzinstitutionen sowie ihre Einbindung in übergeordnete Organisationsformen des nationalen Finanzwesens. Die Orientierung der Geschäftspolitik an den Bedürfnissen der ländlichen Wirtschaft und Bevölkerung sowie die Mitwirkung der Bevölkerung bei der Gestaltung der Geschäftspolitik des ländlichen Finanzwesens sind wesentliche Prinzipien des Ländlichen Finanzwesens. Sie schaffen das nötige Vertrauen in die Finanzinstitutionen und zugleich in die eigene Leistungskraft der Menschen im ländlichen Raum. Die Beachtung dieser Prinzipien bildet damit zugleich eine wesentliche Voraussetzung für die wirtschaftliche Emanzipation ländlicher Regionen.

In dem hier vorgelegten Orientierungsrahmen für das Ländliche Finanzwesen wurden die vorliegenden Erfahrungen deutscher Entwicklungshilfeorganisationen systematisch aufgearbeitet, um konzeptionelle Orientierungshilfen beim Aufbau des Ländlichen Finanzwesens zu geben. Der Orientierungsrahmen wendet sich an Programmverantwortliche in Ministerien und Finanzinstitutionen, die die Politik zur Entwicklung ländlicher Räume mitbestimmen. Er soll gleichzeitig auch Projektplaner und Verantwortliche für die Durchführung von Vorhaben zur ländlichen Entwicklung unterstützen und darüber hinaus zum weiteren Dialog anregen.

Für die Tagesarbeit bei der Planung und Durchführung von Vorhaben zur Entwicklung von ländlichen Finanzstrukturen soll dieser Orientierungsrahmen durch einen Materialband ergänzt werden.

Der vorliegende Orientierungsrahmen ist das Ergebnis eines langen Dialoges zwischen Wissenschaftlern, Fachgutachtern und Projektmitarbeitern sowie Experten aus deutschen entwicklungspolitischen Institutionen (BMZ/Ref. ES 31 und 223, KfW, GTZ, Stiftungen und kirchlicher Träger). Dieser Dialog ist auf Initiative der GTZ/Abt. 12 Ländliche Regionalentwicklung und der Deutschen Stiftung für internationale Entwicklung/Zentralstelle für Ernährung und Landwirtschaft (DSE/ZEL) im November 1985 in Feldafing in Gang gebracht worden. Grundlage war der von P. Armbruster erarbeitete State of Knowledge-Bericht zum Ländlichen Finanzwesen, der diese Neuorientierung in seiner Grundstruktur vorzeichnete. Der Dialog in Feldafing führte zu einem ersten Entwurf des vorliegenden Orientierungsrahmens, der in vielen Redaktionssitzungen bis zu seiner vorliegenden endgültigen Form fortentwickelt wurde. DSE und GTZ unterstützten diese Arbeiten finanziell und personell.

Allen, die an der Erarbeitung dieses Konzeptes mitgewirkt haben, sei an dieser Stelle ausdrücklich gedankt.

BMZ/Ref. 223   GTZ/AL 12   DSE/ZEL
Dr. Neumann-Damerau   Dr. Clemens   Dr. Krüsken

Inhaltsverzeichnis

V

VII

VIII

1. Aufgaben und Aufbau des Orientierungsrahmens

Seit etwa zehn Jahren befinden sich die grundlegenden Vorstellungen darüber, welche Bedeutung dem Finanzwesen für die Entwicklung ländlicher Räume in den Entwicklungsländern zukommt, wie komplex das Ländliche Finanzwesen strukturiert ist, wie es funktioniert und wie es auszugestalten und zu fördern ist, in einem radikalen Umbruch. Der Umbruch erfaßt gleichermaßen die entwicklungspolitische Praxis wie die auf diese Praxis gerichteten grundsätzlichen Erörterungen. In Theorie und Praxis sind viele Selbstverständlichkeiten von vor zehn Jahren zweifelhaft geworden, und die meisten der heute neuen Ideen und Förderungsansätze waren damals unbekannt oder galten als abwegig. Die drei wichtigsten neueren Einsichten sind

(1) Außerhalb des Sektors der staatlichen Agrarkreditbanken gibt es ein komplexes System ländlicher Finanzbeziehungen, aber dieses Ländliche Finanzwesen ist unterentwickelt und trägt selbst zu wenig zur Entwicklung ländlicher Räume bei.

(2) Ausgangspunkt von Analysen, Planungen und Maßnahmen müssen die Finanzdispositionen der ländlichen Bevölkerung sein.

(3) Förderung des Ländlichen Finanzwesens bedeutet vor allem, den Zielgruppen durch ein besseres Leistungsangebot stabiler, effizienter und leicht zugänglicher Finanzinstitutionen bessere Finanzdispositionen zu ermöglichen.

Eine radikale Umbruchsituation erfordert eine Orientierung. Die vorliegende Schrift will sie in doppelter Hinsicht bieten: Zum einen wird gezeigt, wie sich die Gesellschaft für Technische Zusammenarbeit (GTZ),

1

die deutsche Stiftung für Internationale Entwicklung (DSE) und andere deutsche Institutionen der Entwicklungszusammenarbeit angesichts des Umbruchs selbst orientieren. Zum anderen soll all denen, die als Politiker und Funktionsträger, als Projektdesigner und als Durchführungspersonal in Entwicklungs- und Industrieländern an der Analyse, Gestaltung und Förderung von Projekten des Ländlichen Finanzwesens an verantwortlicher Stelle tätig sind oder von ihm betroffen sind, eine Orientierung, eine in sich schlüssige Perspektive angeboten werden, die die neueren Entwicklungen aufgreift, umsetzt und weiterführt.

Der Gegenstand, die Interessen der Leser und die gemeinsame Aufgabe gebieten, daß die Orientierung über das Ländliche Finanzwesen praxisbezogen ist: Sie soll die entwicklungspolitische Fruchtbarkeit der bisherigen Praxis kritisch hinterfragen und zukünftige Praxis anleiten. Dem Wesen eines Orientierungsrahmens entspricht es, daß grundsätzliche und allgemeine Fragen und Zusammenhänge in den Vordergrund gestellt werden. Ein Orientierungsrahmen ist kein Rezeptbuch für situationsspezifische Lösungen des Projektalltags. Trotzdem werden alle wesentlichen Einzelprobleme angesprochen, doch dies soll vor allem deutlich machen, wie sie sich in die neue Perspektive einfügen.

Der Aufbau des Orientierungsrahmens entspricht seiner praktischen Aufgabe. Die folgenden drei Kapitel behandeln nacheinander entwicklungspolitische und methodische Ausgangspunkte (Kap. 2), die Zielvorgabe und das Strukturbild für ein leistungsfähiges Ländliches Finanzwesen (Kap. 3) sowie das Programm- oder Leistungsangebot der GTZ für die Förderung des Ländlichen Finanzwesens (Kap. 4).

Als Ansatz- und Ausgangspunkte sind im Kapitel 2 die Bedeutung des Ländlichen Finanzwesens für die ländliche Entwicklung, die Erfahrungen aus der bisherigen Förderungspraxis und die Ziele und Zielgruppen der deutschen Förderungspolitik zu kennzeichnen. Auch der methodische Ausgangspunkt, daß das Ländliche Finanzwesen ein komplexes und konfliktreiches System ist, in das die Zielgruppen nicht nur als Objekte, sondern auch als Subjekte eingebunden sind, und daß dieses mehr umfaßt als kreditdurchleitende staatliche Entwicklungsbanken, ist darzustellen. Schon mit diesen Ausgangspunkten wird erkennbar, was an der angebotenen Orientierung neu ist.

Im Kapitel 3 wird in Umrissen ein Leitbild eines erstrebenswerten, aber auch realisierbaren Ländlichen Finanzwesens im Dienste der ärmeren Bevölkerungsgruppen entwickelt. Es ist das Leitbild, von dem die deutsche Technische und Personelle Zusammenarbeit, die GTZ und die DSE, ausgehen. Dabei werden Rahmenbedingungen, finanzwirtschaftliche Aktivitäten und mögliche Träger erörtert: Welche Leistungen der finanziellen Infrastruktur werden von den Zielgruppen benötigt, und welche Institutionen können welche Leistungen unter welchen Bedingungen erbringen? Die Kennzeichnung des Leitbildes läßt offen, wer das Ziel realisieren soll. Aber die Ausführungen sollen auch und gerade die ansprechen, die als Politiker oder als Funktionsträger für bzw. in Finanzinstitutionen der Entwicklungsländer an verantwortlicher Stelle tätig sind, für sie Perspektiven eröffnen und ihnen verdeutlichen, welche Möglichkeiten mit den neuen Perspektiven verbunden sind.

Das abschließende Kapitel 4 stellt das konkrete Förderungsangebot der GTZ dar. Es zeigt, unter welchen Bedingungen, mit welchen Zielen und mit welchen Mitteln die GTZ ihre Erfahrung und ihr Instrumentarium zur Förderung des Ländlichen Finanzwesens im Interesse der Zielgruppen einsetzen kann. In dem Kapitel wird deutlich, daß die neuen Elemente der Förderungskonzeption, wie die strengere Zielgruppenorientierung und die Abkehr von der bisherigen einseitigen Entwicklungsbankenförderung, die praktische Arbeit zu erschweren scheinen, aber dieser

Eindruck trügt: Es werden nur ohnehin vorhandene Schwierigkeiten erkannt. Dadurch können externe Förderungsmaßnahmen treffsicherer und wirkungsvoller werden.

2. Ländliches Finanzwesen und die Förderung der ländlichen Entwicklung: Grundlagen

2.1 Ländliche Entwicklung, Ländliches Finanzwesen und Ländliche Regionalentwicklung

2.1.1 Arbeitsteilung und Kapitalbildung als Bestimmmungsfaktoren der Entwicklung

Ein schlecht entwickeltes Finanzwesen ist ein Hemmschuh für die Entwicklung von Wohlstand oder sogar für ein menschenwürdiges Leben. Zwei wesentliche Bestimmungsfaktoren der wirtschaftlichen Entwicklung sind

- die verbesserte Nutzung der vorhandenen Ressourcen wie Boden, Arbeit, Rohstoffe, unter anderem durch verstärkte Arbeitsteilung, und
- die Stärkung und Vermehrung der produktiv verwendbaren Ressourcen und Potentiale, unter anderem durch Kapitalbildung.

Zu beidem kann das Finanzwesen wesentliches beitragen.

Der erste Bestimmungsfaktor der Entwicklung ist die Arbeitsteilung. Jeder Mensch hat Wünsche und Bedürfnisse. Einige davon kann er am besten durch Güter und Dienstleistungen befriedigen, die er selbst herstellt; andere Güter und Dienstleistungen bezieht er günstiger von anderen, die sie besser, billiger oder überhaupt erst herstellen können und mit denen er in eine Austauschbeziehung tritt. Der Vorteil einer funktionierenden Arbeitsteilung ist die einsetzende Spezialisierung. Die jeweils vorhandenen Potentiale an Arbeitskraft, Wissen und Gütern können für alle Beteiligten besser ausgenutzt werden. Die dazu erforderliche

Abstimmung der Produktion auf die Bedürfnisse bzw. des Angebots auf die Nachfrage funktioniert am besten über Märkte.

Als wirtschaftliche Entwicklung gilt, wenn sich der Prozeß der Arbeitsteilung, der Spezialisierung und der Abstimmung der Produktion auf den Bedarf verstärkt: wenn neue Güter produziert, neue Verfahren eingesetzt und neue Formen der Arbeitsteilung gefunden werden, wenn sich neue Märkte bilden oder vorhandene ausgebaut und verbessert werden. Damit entstehen zugleich Einkommen, Nachfrage und Angebot und wieder Einkommen. Eine Dynamisierung solcher Einkommenskreisläufe ist ohne ein funktionsfähiges Finanzwesen praktisch unmöglich.

Die andere Determinante des Wachstums ist die Bildung von Kapital. Einkommen kann gespart und investiert werden. Für den einzelnen bedeutet dies, daß sein Vermögen wächst. Volkswirtschaftlich gesehen kann zugleich damit das Produktionspotential wachsen. Aber nicht jeder, der sparen kann, will oder muß, hat zugleich die besten Investitionsmöglichkeiten. Deshalb ist auch eine Arbeitsteilung zwischen Sparern und Investoren sinnvoll: Sparer stellen ihre Ersparnisse denen temporär zur Verfügung, die sie investieren können.

2.1.2 Die Bedeutung der finanziellen Infrastruktur für die Entwicklung

Dieser Prozeß des Austausches kann in Realkapital und durch direkte Beziehungen zwischen Sparern und Investoren erfolgen - z.B. können Baumaterial oder Getreide gespart und zinslos oder gegen Zinsen verliehen werden. Es ist aber historisch belegbar und auch unmittelbar einsichtig, daß es für die Beteiligten billiger und bequemer ist, wenn sie nicht in Realkapital, sondern in Geldkapital sparen bzw. sich finanzieren. Die Monetarisierung erleichtert den Austausch zwischen Sparern und Investoren beträchtlich, sofern das Geldwesen eines Landes funktionsfähig ist.

Der direkte Austauschprozess zwischen Sparer und Investor ist aber aus vielen Gründen auf kleinere Summen beschränkt, mühsam und zeitaufwendig. Eine weitere Arbeitsteilung auf den Finanzmärkten in Form einer indirekten Finanzierung kann diese Schwierigkeiten reduzieren: Als volkswirtschaftlich beste Lösung für Kapitalanlage- und Finanzierungsprobleme hat sich in den jetzigen Industrieländern im Laufe der wirtschaftlichen Entwicklung die finanzielle Infrastruktur als "Austauschsystem" zwischen Sparern und Investoren herausgebildet. Sie bietet den Sparern attraktivere, d.h. ertragreichere und risikoärmere Anlagemöglichkeiten und ist für potentielle Investoren eine günstigere, vor allem billigere, flexiblere und bedarfsgerechtere Kapitalquelle als die direkte Finanzierung.

Beispielsweise kann eine Bank, die Einlagen annimmt und Kredite vergibt, aufgrund ihrer Spezialisierungsvorteile einen solchen Kapitalaustausch für alle Beteiligten vereinfachen und verbilligen. Das stärkt die Anreize zum Sparen und erleichtert die Investitionen.

2.1.3 Die Besonderheiten der ländlichen Entwicklung

Inwieweit erfordern ländliche Entwicklung und die damit verbundenen besonderen Probleme eine flankierende Entwicklung der finanziellen Infrastruktur?

(1) In ländlichen Gebieten existieren häufig ungenutzte finanzielle Potentiale, die durch eine verbesserte Arbeitsteilung auf den Finanzmärkten und insbesondere durch eine verstärkte Mobilisierung von

Ersparnissen nutzbar gemacht werden könnten. Erspartes Kapital in realer oder monetärer Form ist auch bei den armen Bevölkerungsgruppen vorhanden. Es steht aber typischerweise nicht für Investitionen anderer zur Verfügung und wird, soweit die Sparerhaushalte keine eigenen Investitionsmöglichkeiten besitzen, nicht genutzt oder für unsinnige, nicht lebensnotwendige "Bedarfe" verschwendet (potentielle Ersparnisse).

Auf der anderen Seite gibt es Bauern und Gewerbetreibende, die Investitionsmöglichkeiten haben und investieren würden und dadurch Einkommen und Beschäftigung schaffen und den auch staatlich propagierten biologisch-technischen oder mechanisch-technischen Fortschritt vollziehen könnten, denen es aber an Finanzierungsmöglichkeiten fehlt und deren eigene Ressourcen nicht ausreichen.

Mangel an investierbarem Kapital bei gleichzeitigem Vorhandensein von ungenutztem, anlagesuchendem Kapital ist ein Zeichen für eine unterentwickelte finanzielle Infrastruktur: Es gibt zu wenige und zu wenig leistungsfähige Finanzinstitutionen zur Überbrückung der Kluft zwischen Angebot und Nachfrage nach Kapital.

(2) Ein weiteres typisches Merkmal ländlicher Räume sind die sogenannten Backwash-Effekte der jahrzehntelang auch mit ausländischer Unterstützung betriebenen massiven Förderung der industriellen Entwicklung in den städtischen Gebieten. Diese verschlechterte nicht nur relativ, sondern auch *absolut* die Lage auf dem Lande, denn zu den typischen Entwicklungsmustern gehört, daß die städtische Entwicklung auch vom Lande her finanziert und alimentiert wird. Dadurch wurden die Bildung und Ansammlung von einsetzbarem Kapital auf dem Lande und eine eigene ländliche Entwicklung behindert.

8

(3) Charakteristisch ist schließlich eine doppelte Dualisierung. Aus vielerlei Gründen wurden die ländlichen Regionen typischerweise nicht an die Entwicklung der städtischen Wirtschaft angekoppelt. Die Industrieförderungspolitik verstärkte, wie unter (2) angesprochen, das Stadt-Land-Gefälle. Das ist aber nicht der einzige Effekt: Soweit es doch eine Förderung der Entwicklung auf dem Lande gab, die auch diesen Effekt der regionalen Dualisierung abmildern sollte, kam dies nur einem kleinen Teil der Landbevölkerung zugute. Die Masse der ländlichen Armen blieb ausgeschlossen und verlor den Anschluß. Es kam zu einer sozialen Dualisierung. Die ländliche Entwicklungsförderung verstärkte häufig das soziale Gefälle. Dies ist einer der Gründe, warum weite Kreise der ländlichen Bevölkerung auch heute Schwierigkeiten haben, Kapital klug und ertragreich einzusetzen.

Die Bewohner in ländlichen Regionen haben also nicht nur zu wenige und zu wenig leistungsfähige Finanzinstitutionen, sie haben auch weniger investierbares Kapital. Sie haben unter Umständen auch weniger oder zumindest weniger leicht erkennbare Möglichkeiten zu ertragreicher Kapitalverwendung, als sie vermutlich hätten, wenn sie nicht insgesamt durch die auf die städtischen Zentren ausgerichtete Entwicklung - auch des Finanzwesens - benachteiligt wären.

2.1.4 Die grundlegenden Definitionen

Die neue kritische Sichtweise des Zusammenhangs von ländlicher Entwicklung und Finanzwesen und die daraus abgeleitete neue Förderungsstrategien können sich nicht auf Finanzinstitutionen beschränken. Sie müssen vielmehr von den ländlichen Wirtschaftseinheiten, den landwirtwirtschaftlichen, handwerklichen, kleingewerblichen Betrieben und

Haushalten und ihren Finanz- und Entwicklungsproblemen ausgehen. Entsprechend muß auch ein erweiterter Begriff von Ländlichem Finanzwesen und finanzieller Infrastruktur verwendet werden:

> Das Ländliche Finanzwesen umfaßt die finanzielle Seite von (fast) allen wirtschaftlichen Vorgängen auf dem Lande. Dazu gehört alles, was mit Ersparnis, mit Finanzierung und mit finanzieller Risikoabsicherung zu tun hat. Die (ländliche) finanzielle Infrastruktur (oder das Ländliche Finanzwesen im engeren Sinne) beinhaltet die Gesamtheit aller Anlage- und Finanzierungsmöglichkeiten und damit zugleich die Finanzinstitutionen, die Anlage- und Finanzierungsmöglichkeiten bieten, sowie die geltenden Normen und Verhaltensweisen im Zusammenhang mit dem Finanzwesen. Finanzinstitutionen sind Einrichtungen wie insb. Banken, die auf die Funktionen der Annahme von Einlagen und der Gewährung von Krediten spezialisiert sind. Nicht alle Anbieter von Anlage- und Finanzierungsmöglichkeiten sind in diesem Sinne Institutionen. Als Finanzintermediäre werden Finanzinstitutionen dann bezeichnet, wenn hervorgehoben werden soll, daß sie eine Zwischenposition zwischen Einlegern und Kreditnehmern wahrnehmen.

Eine derartig weite Fassung des Begriffs "Ländliches Finanzwesen" mag ungewöhnlich erscheinen. Aber sie ist nötig und wichtig, weil erst sie Förderungsansätze erkennbar macht, die die bisherige Förderungspolitik nicht gesehen bzw. berücksichtigt hat. Sie macht deutlich, daß bei der Entwicklung von Förderungsansätzen

- *alle* Möglichkeiten und Probleme der Finanzierung, der Geldanlage und der Mittelverwendung (und nicht nur - wie bislang häufig - die Mittelbeschaffung über Kredite),
- alle *ländlichen* Klein- und Mittelbetriebe (und nicht nur - wie bislang häufig - landwirtschaftliche) sowie Haushalte und
- formelle *und* informelle Finanzinstitutionen (und nicht nur - wie bislang häufig - staatlich gegründete bzw. formelle)

in die Betrachtung und in die Maßnahmen einbezogen werden müssen.

Die bisherigen Überlegungen zeigen, daß das Ländliche Finanzwesen und seine Entwicklung sehr wichtig für die wirtschaftliche Entwicklung ländlicher Räume ist. Ob ein Ausbau der ländlichen finanziellen Infrastruktur der wichtigste Zünder einer sich selbst tragenden ländlichen Entwicklung ist oder ob andere Faktoren, z.b. die Verbreitung produktions-technischer Innovationen, bedeutender sind oder welche Kombinationen am geeignetsten wären, mag dahingestellt bleiben und ist wohl auch von Land zu Land unterschiedlich.

2.1.5 Ländliche Entwicklung und Ländliche Regionalentwicklung

Wie paßt eine Förderung des Ländlichen Finanzwesens in die deutsche Förderungskonzeption für ländliche Räume?

Primäres Ziel der deutschen Entwicklungshilfe ist es, einen Beitrag für die dauerhafte selbsttragende wirtschaftliche und soziale Entwicklung ländlicher Räume in der Dritten Welt zu leisten. Dabei richtet sich die Strategie der ländlichen Entwicklung besonders auf die Beteiligung der armen ländlichen Bevölkerungsschichten an einer bereits stattfindenden wirtschaftlichen Entwicklung, von der sie bislang ausgeschlossen waren, oder aber auf die Induzierung einer Entwicklung, die auch für diese Schichten einen Nutzen erwarten läßt. Ein solcher Nutzen läge zum Beispiel in der Schaffung von unselbständiger Beschäftigung bzw. von Arbeitsplätzen für Arbeitslose aufgrund von Investitionen, in einer Steigerung der Einkommen ländlicher Armer durch Verbesserung ihrer Produktions- und Absatzmöglichkeiten bei selbständiger Arbeit und generell in einer Verbesserung der Lebensbedingungen für die benachteiligten Menschen.

11

In diesem Rahmen bildet die <u>Ländliche Regionalentwicklung</u> (LRE) eine umfassende Förderungs- und Planungskonzeption. Im Rahmen eines LRE-Vorhabens zur Förderung einer Region werden die verschiedensten Einzelprojekte und Projektmaßnahmen in den unterschiedlichsten Infrastrukturbereichen (wie z.b. Gesundheitswesen, Erziehung, Ausbildung) und Wirtschaftssektoren (z.b. Handwerk, Landwirtschaft) zusammengeführt und dadurch insgesamt effektiver gestaltet. Einige Grundprinzipien der Ländlichen Regionalentwicklung bilden die Basis, auf der Einzelmaßnahmen aufbauen können:

- So sollen die armen Bevölkerungsgruppen in die Lage versetzt werden, ihre wirtschaftliche und soziale Situation in weitgehender Selbsthilfe und in Eigenverantwortung zu verbessern.
- Die schonende Nutzung lokaler Ressourcen und ihre weitere Entfaltung stehen im Vordergrund.
- Die durch flankierende TZ in Gang gesetzte Entwicklung soll auch nach Ablauf der Förderungsmaßnahmen weitergehen.
- Es sollen also sich selbst tragende Wirtschaftskreisläufe, Wirkungsbzw. Investitionsketten und Verbundeffekte entstehen, die ein Wirtschaftswachstum einleiten, an dem alle teilhaben können.

Fördermaßnahmen zur Entwicklung des Ländlichen Finanzwesens sind ein wichtiger Teil innerhalb des LRE-Konzeptes. Eine wirtschaftlich tragfähige ländliche finanzielle Infrastruktur muß bei der Finanzierung von Projekten im Rahmen der LRE mithelfen, und sie kann über ein verbessertes finanzwirtschaftliches Leistungsangebot, insbesondere durch den Zugang zu günstigen Spar- und Kreditmöglichkeiten, den ländlichen Armen einerseits <u>direkt</u> helfen und ihnen andererseits durch die Unterstützung der allgemeinen wirtschaftlichen Entwicklung <u>indirekt</u> nutzen.

Eine erfolgreiche Förderung des Ländlichen Finanzwesens stimuliert die gesamte ländliche Entwicklung. Sie soll und muß die Armen einbeziehen, in der Regel setzt sie aber nicht immer unmittelbar bei ihnen an. Die LRE-Konzeption der Entwicklungsförderung setzt hingegen gerade mit Infrastrukturmaßnahmen direkt bei den ländlichen Armen an. Aus den unterschiedlichen Anknüpfungspunkten folgt kein Unterschied hinsichtlich der Ziele: TZ-Förderungsmaßnahmen im Bereich des Ländlichen Finanzwesens sollten nur dann erfolgen, wenn auch sie einen mindestens mittelbaren Nutzen für die ländlichen Armen erwarten lassen. Es ist zwar nicht immer leicht, diesen Nutzen bei der Planung oder am Anfang einer Förderung abzuschätzen, da sich viele Maßnahmen, wie z.B. die Verbesserung der Rahmenbedingungen ländlicher Finanzmärkte, nur indirekt und zudem oft erst mit einiger zeitlicher Verzögerung auswirken. Diese Abschätzung muß jedoch versucht werden. Eine wenn auch indirekte Begünstigung der ländlichen Armen ist die Voraussetzung für einen deutschen Förderungsbeitrag.

2.2 Ziele und Zielgruppen einer Förderung des Ländlichen Finanzwesens durch die deutsche Technische Zusammenarbeit

2.2.1 Zielbevölkerung und Zielgruppen

Das Oberziel einer Förderung des Ländlichen Finanzwesens besteht aus deutscher Sicht darin, in den Entwicklungsländern die Lebensbedingungen breiter Schichten der ländlichen Armen, der sogenannten Zielbevölkerung, durch die Entwicklung der eher traditionellen und beschäftigungsintensiven Wirtschaftszweige und durch die Stärkung der Selbsthilfefähigkeit der ländlichen Bevölkerung zu verbessern. Wer im einzelnen zur Zielbevölkerung gehört, ist eine Frage der Definition und wird

13

in der Regel nach bestimmten statistischen Merkmalen abgegrenzt[*]. Die Zielbevölkerung läßt sich in Teilgruppen, sogenannte Zielgruppen, untergliedern, die zum Beispiel im Hinblick auf die Art ihrer Tätigkeit, ihr Sparvermögen und ihre wirtschaftliche Situation homogen sind. Zielgruppen einer Förderung des ländlichen Finanzwesens sind insbesondere Kleinbauern, Fischer und die Inhaber von kleinen Viehzucht-, Handwerks-, Kleinhandels- und Dienstleistungsbetrieben auf dem Lande sowie diejenigen, die in solchen Betrieben abhängig arbeiten. Eine Unterteilung der ländlichen Armen in Zielgruppen ist für eine erfolgreiche Förderung wichtig, weil die verschiedenen Zielgruppen unterschiedliche Ansprüche an die finanzielle Infrastruktur stellen und unterschiedliche finanzielle Potentiale besitzen.

Neben den Zielgruppen, die zur Zielbevölkerung gehören, kann sich die Förderung auch auf sogenannte Implementalzielgruppen richten. Implementalzielgruppen umfassen sozial und wirtschaftlich besser gestellte Bevölkerungsgruppen. Wird deren Versorgung mit bedarfsgerechten und kostengünstigen Leistungen der finanziellen Infrastruktur gefördert, kann dies, z.B. über verbesserte Beschäftigungsmöglichkeiten, indirekte positive Auswirkungen für die Zielgruppen haben. Die Förderung der Implementalzielgruppen sollte so angelegt sein, daß die indirekten positiven Auswirkungen für die Zielgruppen, die sogenannten linkage-Effekte, dominieren. Nur um dieser positiven Auswirkungen auf die Zielgruppen willen erfolgt eine eventuelle Förderung der Implementalzielgruppen unter entwicklungspolitischen Aspekten. Es ist dabei aber auf die Gefahr von backwash-Effekten, d.h. einer Zurückdrängung der wirtschaftlichen Aktivitäten der Ärmeren infolge der Förderung der Bessergestellten, zu achten. Eine nur auf die Förderung der Implemen-

---

[*] Vgl. dazu Gesellschaft für technische Zusammenarbeit (GTZ): Ländliche Regionalentwicklung, Eschborn 1984, S.37

talzielgruppen gerichtete Strategie, die allzu optimistisch auf positive Verbundeffekte spekuliert, erreicht nach den Erfahrungen der letzten Jahre ihr Ziel nicht im erwünschten Umfang. Das erhoffte Durchsickern, der "trickle-down-Effekt", tritt keineswegs von selbst ein, häufig bleibt er sogar aus.

Zu den Implementalzielgruppen sind nicht nur private ländliche Betriebe der wohlhabenderen Bevölkerungsschichten zu zählen, sondern auch lokal tätige Staatsbetriebe, kommunale (Regie-)Betriebe und genossenschaftliche Organbetriebe.

2.2.2 Ober- und Unterziele einer Förderung des Ländlichen Finanzwesens

Das Oberziel, die Lebensbedingungen der Zielbevölkerung durch eine Stärkung des Ländlichen Finanzwesens zu verbessern, muß in konkretere Unterziele aufgespalten werden, an denen konkrete Förderungsmaßnahmen auszurichten sind und an denen ihr Erfolg gemessen werden kann. Ein Einteilungskriterium ist, ob die Zielgruppen direkt oder nur indirekt von der Zielerreichung profitieren können.

Ein erstes Unterziel mit direkter Auswirkung für die Zielgruppen ist der Ausbau von zielgruppennahen Finanzinstitutionen. Zielgruppennah sollen sie von der Art ihrer Leistungen her, von ihrer Geschäftspolitik her und in räumlicher Hinsicht sein. Wo es in ländlichen Räumen noch keine Finanzinstitutionen für die Zielgruppen und in ihrer Nähe gibt, ist deren Aufbau als Unterziel anzusehen. Wo bereits ländliche Finanzinstitutionen existieren, besteht das Unterziel darin, sie dazu zu bewegen und zu befähigen, daß sie auch die ärmeren Bevölkerungsteile als Kunden akzeptieren. Ein zweites direkt zielgruppenrelevantes Unterziel ist, bereits be-

stehende und neu zu schaffende zielgruppenorientierte Finanzinstitutionen in ihrer Leistungsfähigkeit, ihrer Stabilität und ihrer Unabhängigkeit
zu stärken.

Durch den Ausbau einer ländlichen finanziellen Infrastruktur sollen sich
lokale Finanzkreisläufe bilden: Von allen ländlichen Bevölkerungsgruppen muß dazu Sparkapital mobilisiert werden, das auf dem Lande als
Kredit ausgeliehen werden und zu lokalen Einkommenssteigerungen
führen und neues Sparkapital entstehen lassen kann. Nur über einen
solchen Kreislauf können Finanzinstitutionen ihre im Interesse der Zielgruppen notwendige Unabhängigkeit und ihre institutionelle Stabilität
sichern: Wenn sie selbst Ersparnisse mobilisieren, sind Finanzinstitutionen nicht von den Mittelzuweisungen staatlicher Stellen abhängig, und
wenn sie gute Leistungen erbringen, können sie dauerhaft lebensfähig
bleiben. Den Zielgruppen nützt es unmittelbar, wenn sie dauerhaften
Zugang zu solchen unabhängigen, leistungsfähigen und stabilen Finanzinstitutionen haben. Diese Möglichkeit kann sich auch in erhöhtem Einkommen der Zielgruppen niederschlagen.

Aus dem Unterziel, Finanzinstitutionen für die Zielgruppen zu schaffen
und zu stärken, ergeben sich auch konkrete Aufgaben für solche Institutionen:

- Die Zielgruppen müssen im Umgang mit Geld und Kredit geschult
  werden und den Kontakt mit Finanzinstitutionen erlernen.
- Für bisher gehortete Sparreserven der Zielbevölkerung müssen Anlagemöglichkeiten eröffnet werden, damit die Sparer Zinserträge realisieren können.
- Bisher nicht finanzierbare Investitionen der Zielgruppen, die zusätzliches Einkommen und eventuell neue Arbeitsplätze entstehen lassen,
  sollen ermöglicht werden.

16

- Über ein Dienstleistungsangebot von Finanzinstitutionen, beispielsweise in Form von Betriebsberatung, sollen Innovationen eingeführt oder durch Versicherungen Risiken abgedeckt werden.

- Anspar- und Finanzierungsmöglichkeiten für Selbsthilfeprojekte sollen eröffnet und den Selbsthilfegruppen spezielle Zugangsmöglichkeiten zu Finanzinstitutionen eingeräumt werden. Hierzu sind u.U. spezielle Finanztechniken zu entwickeln.

Daneben gibt es indirekt zielgruppenrelevante Unterziele einer Förderung des ländlichen Finanzwesens. Sie sind insofern nicht direkt, als sie keinen direkten Kontakt der Zielgruppen als Sparer und Kreditnehmer mit den gegebenenfalls zu fördernden Finanzinstitutionen mit sich bringen. Hier ist zum einen das Unterziel einer Verbesserung des Leistungsangebots für Implementalzielgruppen zu nennen. Klein- und Mittelbetriebe, deren Inhaber nicht selbst zu den Zielgruppen gehören, können nur bei einem ausreichenden und günstigen Kreditangebot Investitionen durchführen, die Arbeitsplätze schaffen, Kleinstbetrieben der Zielgruppen Zulieferaufträge ermöglichen und die lokale Güterversorgung verbessern. Der Aufbau einer geeigneten finanziellen Infrastruktur in ländlichen Regionen würde weiterhin die Mobilisierung von Teilen des Sparkapitals wohlhabender Bevölkerungsgruppen ermöglichen, die bisher ihr Geld in städtischen Gebieten oder bei solchen Banken anlegen, die das Geld nur in die Städte leiten. Dieses Geld könnte so - zum Vorteil der ländlichen Entwicklung - im ländlichen Raum gehalten werden. In vielen Fällen können auch die Finanzierung und der Zahlungsverkehr von kommunalen Betrieben oder Einrichtungen eine wichtige Aufgabe darstellen, wenn dadurch die Versorgung der Bevölkerung mit Infrastrukturleistungen wie Elektrizität und Zu- und Abwasser verbessert werden kann.

Ein Unterziel mit indirekter - aber dadurch nicht etwa geringer - Zielgruppenrelevanz - kann schließlich darin gesehen werden, daß informellen zielgruppennahen Finanzinstitutionen Möglichkeiten der Anbindung an den formellen Teil der finanziellen Infrastruktur eröffnet werden. So könnte beispielsweise das Einzahlen von Kapital eines informellen Sparvereins bei einer Bank den Mitgliedern mittelbar Zinseinkommen ermöglichen, das ihnen der Sparverein normalerweise nicht gewährt. Die informellen Finanzinstitutionen und die Problematik der angesprochenen Anbindung werden unten in den Abschnitten 3.2.5.3 und 3.4.2 noch ausführlich erörtert.

Das Zielsystem einer Förderung des Ländlichen Finanzwesens durch die deutsche Technische Zusammenarbeit ist in der Abbildung 1 auf der folgenden Seite zusammenfassend dargestellt.

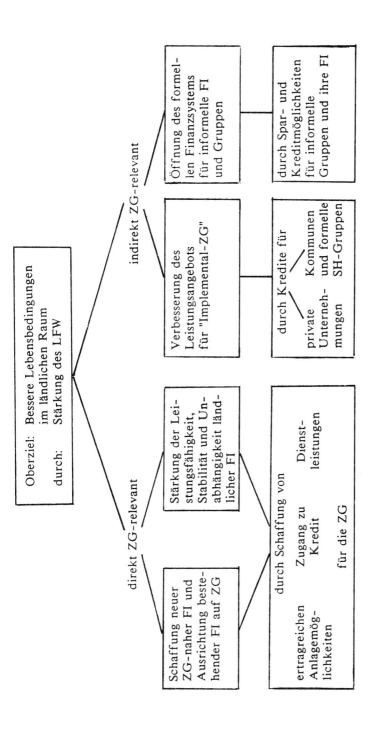

Abb. 1: Zielsetzung der Förderung des Ländlichen Finanzwesens (LFW)

(FI = Finanzinstitutionen; ZG = Zielgruppen)

19

2.3. Die bisherige Förderungspolitik und ihre Probleme

Ein Blick auf die bisherige, etwa dreißigjährige Praxis der Entwicklungshilfe im ländlichen Bereich macht deutlich, warum eine Umorientierung nötig war und wie sich die Förderschwerpunkte verschoben haben. Es ist überaus wichtig, die vergangenen Fehler zu kennen, um sie in der Zukunft vermeiden zu können, denn die Schwächen der herkömmlichen Förderungskonzeptionen sind keineswegs offensichtlich. Die im folgenden zusammengefaßten Überlegungen stützen sich auf eine sehr breite Erfahrung. Nicht nur die in der Entwicklungsbankeninspektion des Bundesministerium für wirtschaftliche Zusammenarbeit von 1980/81 zusammengetragenen Befunde über den geringen entwicklungspolitischen Nutzen der früheren Förderung für die Zielgruppen weisen in die angegebene Richtung. Auch andere nationale und internationale Entwicklungshilfegeber wie die Weltbank berichten einhellig über ähnliche Erfahrungen und teilen die Einschätzungen. Eine sehr kritische Sicht der herkömmlichen Vorgehensweise in der Entwicklungshilfe für ländliche Räume gehört längst zum gemeinsamen Grundverständnis von führenden Praktikern und Theoretikern. Hierzu sei auf international anerkannte Standardwerke wie das von J. D. von Pischke, Dale Adams und Gordon Donald im Namen der Weltbank herausgegebene Buch "Rural Financial Markets in Developing Countries" (John Hopkins University Press, Baltimore 1983) verwiesen.[*)]

[*)] Weitere einschlägige Quellen sind im Literaturverzeichnis am Ende dieser Arbeit zusammengestellt.

2.3.1 Die ursprüngliche Idee: Produktionssteigerung durch subventionierte Agrarkredite

Die Entwicklungspolitik für die Landwirtschaft vor Beginn der siebziger Jahre bestand in einer Strategie analog zur Industrialisierungspolitik in städtischen Gebieten: Durch massiven zum Teil extern finanzierten Kapitaleinsatz und durch den Transfer neuerer Agrartechniken, die diesen Kapitaleinsatz erfordern, sollte eine erhebliche Steigerung der landwirtschaftlichen Produktion erreicht werden. Die Förderung richtete sich vor allem an große und mittlere moderne landwirtschaftliche Betriebe. Komplementäre außerlandwirtschaftliche Aktivitäten wurden nur selten gefördert. Es wurde aber erwartet, daß landwirtschaftliche Kleinbetriebe durch Demonstrationseffekte die neuen Techniken übernehmen und daß auch die anderen, nicht-landwirtschaftlichen Betriebe von dieser massiven Investitionspolitik profitieren würden, weil Arbeitsplätze und Einkommen geschaffen würden. Diese Erwartung eines "trickle-down-Effektes" erfüllte sich jedoch nicht.

Etwa ab 1973 kam eine andere Zielsetzung hinzu: Die Förderung der Landwirtschaft sollte auch eine Kompensation dafür darstellen, daß im Rahmen der Industrialisierungspolitik in vielen Ländern die ländlichen Gebiete als Finanzierungsquellen für die städtische Entwicklung herangezogen worden sind. Dies geschah - und geschieht - seltener auf dem Weg der Besteuerung und der Mobilisierung von Ersparnissen als vielmehr durch staatliche Politiken der Setzung von (zu niedrigen) Preisobergrenzen für Nahrungsmittel, durch die Abschöpfung von Agrarexporterlösen, durch eine (industrielle) Importe erleichternde und (Agrar-) Exporte erschwerende Wechselkurspolitik und durch Inflation. Die negativen Folgen dieser Politik, insbesondere die Landflucht, sollten durch eine subventionierte Rückführung von Kapital in ländliche Räume gemildert werden.

Beide Ausprägungen der Agrarpolitik, die mit massiver externer Kapitalzufuhr verbunden waren, beruhten auf den folgenden Überzeugungen:

- Bauern sind arm und besitzen keine Ersparnisse, die sie investiv verwenden könnten.
- Entwicklung und Innovation in der Agrarproduktion sind nur durch die flankierende Bereitstellung von billigem, subventioniertem Kredit erreichbar.
- Informelle Geldverleiher sind ausbeuterisch, formelle Institutionen sind nicht vorhanden bzw. bedienen die Bauern nicht ausreichend mit Krediten für produktive Zwecke.
- Es besteht also Kapitalmangel in ländlichen Räumen, der produktive Investitionen behindert.
- Staatliche Eingriffe müssen im Sinne eines *Supply Leading Finance*-Ansatzes erfolgen, d.h. erst die Existenz eines Kreditangebotes stimuliert die Nachfrage und zieht Investitionen nach sich.

2.3.2 Die Umsetzung: Staatliche Agrarbanken zur Kreditdurchleitung

Folgerichtig wurden aus diesen Annahmen heraus staatliche und halbstaatliche Agrarkreditinstitute (*Specialized Farm Credit Institutions, SFCI*) gegründet, da bestehende Institutionen nicht willens oder in der Lage waren, an ländlichen Standorten landwirtschaftliche Kredite zu vergeben.

Finanziert wurden sie überwiegend durch ausländische Geldmittel in Form von Entwicklungshilfekrediten, teilweise auch durch Gelder der jeweiligen Zentralbank. Ihre Aufgabe war, zinsverbilligtes Kapital von außerhalb in ländliche Regionen zu dirigieren, das dann vornehmlich an große Betriebe und nach 1973 auch an kleinere landwirtschaftliche Betriebe ausgeliehen werden sollte.

Die Kredite sollten nur produktiv (im engen Sinn von Steigerung der Agrarproduktion) verwendet werden und wurden als überwachte Kredite häufig mit Beratung, Betriebsmittelversorgung und Vermarktungshilfen verbunden. Der Staat bzw. internationale Kreditgeber hatten die Zielgruppen (ohne Rücksicht auf deren Kreditwürdigkeit), die Konditionen der Kreditvergabe (ohne Rücksicht auf Transaktionskosten und Ausfallrisiko der Bank) und die zu finanzierenden Inputs (ohne Rücksicht auf deren tatsächliche Verfügbarkeit oder lokale Wirksamkeit) minutiös vorgegeben. Eine bankübliche Bonitätsprüfung der zu bedienenden Kunden war bei solchen Programmkrediten in der Regel nicht vorgesehen, und die Kredite wurden flächendeckend "verteilt" (z.B. als Programmkredite für Betriebsmittelbereitstellung von Weizen, Reis oder Mais).

Die Agrar-Entwicklungsbanken sollten die Kredite revolvierend einsetzen. Sie waren überwiegend reine Agrarkreditbanken, d.h. nur der landwirtschaftliche Bereich wurde bedient und nur das Aktivgeschäft durchgeführt.

Das Resultat dieser Entwicklungspolitik war in vielen Ländern enttäuschend. Der ausgelöste Verteilungsmechanismus hatte entwicklungspolitisch insgesamt negative Wirkungen: Die landwirtschaftliche Gesamtproduktion wurde kaum angeregt, das Einkommen der ländlichen Armen sank relativ und in vielen Fällen auch absolut. Die meisten landwirtschaftlichen Entwicklungsbanken wurden insolvent bzw. blieben von ständigen staatlichen oder ausländischen Subventionen abhängig. Die Einbahnstraße der Kreditmitteldurchleitung war oft eine Sackgasse. Worin lagen die Gründe?

2.3.3 Probleme der bisherigen, traditionellen Förderung

Eine der zentralen Fehleinschätzungen der traditionellen Förderpolitik lag in dem Glauben, restriktive Regulierungen auf den Märkten für Agrarprodukte durch ebenso restriktive Eingriffe in Verbindung mit massiven Subventionen auf den Finanzmärkten ausgleichen zu können.

Die Gewinnmargen der Banken waren infolge der staatlich vorgegebenen Zinsen zu niedrig; häufig war nicht einmal eine Kostendeckung erreichbar. Die staatlich festgelegten niedrigen Kreditzinsen zwangen dann die Banken in der Regel, ihre Kreditvergabepolitik zu ändern, wenn sie wirtschaftlich überleben wollten und sollten. Eine breite zielgruppenorientierte und zugleich innovationsfördernde Kreditvergabe konnte selten durchgehalten werden, weil sie zu teuer und zu riskant war. Das Agrarkreditgeschäft ist ohnehin risikoreich, zumal den Banken oft der nötige Einblick in bäuerliche Produktionsabläufe und Wirtschaftsführung fehlt. Gerade Kleinbauern haben selten die dinglichen Sicherheiten, die Informationen über ihre Ertragslage überflüssig machen würden. Die staatlichen Zinsrestriktionen verhinderten, daß die bei riskanten Krediten notwendige hohe Risikoprämie in die Zinsen einkalkuliert wurde. Zumeist standen auch keine staatlichen Kreditausfallbürgschaften als Rückgriffsmöglichkeiten zur Verfügung.

Wegen des auf Agrarkredite eingeschränkten Geschäftsbereiches war auch ein Verlustausgleich durch andere Geschäfte selten möglich. Eine Dekapitalisierung selbst bei guter Rückzahlungsmoral der Kunden und schließlich die Insolvenz der Bank waren das typische Ergebnis, das allenfalls durch immer neue Kapitaltransfers aus öffentlichen Budgets aufgefangen werden konnte.

Um Verluste der eben beschriebenen Art zu vermeiden, wurden Kredite zunehmend an handverlesene Einzelkunden und insbesondere an agrarische Großbetriebe vergeben. Eine Stimulierung der inländischen Nahrungsmittelproduktion fand dort nicht statt, wo die landwirtschaftlichen Großbetriebe eher die nicht regulierten, häufig sogar subventionierten Agrarexportmärkte belieferten.

Wegen der durch die Niedrigzinsen ausgelösten exzessiven Kreditnachfrage nahmen viele Banken die Auswahl von Kreditnehmern nach Kriterien vor, die weder bankpolitisch noch entwicklungspolitisch sinnvoll zu nennen sind. Kredit erhielt nicht selten derjenige, der sozialen Einfluß und Macht besaß oder der zu politischem Wohlverhalten ermutigt werden sollte. Kleinbauern wurden oft trotz der niedrigen Zinsen durch hohe Gebühren, lange Wartezeiten, soziale Diskriminierung usw. abgeschreckt. Entweder wegen der damit verbundenen Mühe oder wegen des politischen Einflusses der Kreditnehmer verzichteten viele Agrar-Entwicklungsbanken selbst bei vorhandenen Sicherheiten auf die Eintreibung ihrer Kredite.

Die Kredite wurden, falls sie überhaupt in landwirtschaftliche Investitionen flossen, häufig nicht effizient eingesetzt. Der Grund lag in der Zweckgebundenheit. Die Planer der Entwicklungsbanken glaubten, die besten und rentabelsten Investitionsmöglichkeiten in den bäuerlichen Betrieben zu kennen, und schrieben diese bis ins Detail vor. Selbst der überwachte Einsatz der Mittel konnte nicht verhindern, daß die Gelder häufig suboptimal eingesetzt wurden, da die sehr unterschiedlichen, einzelbetrieblichen Bedingungen bei den Kreditprogrammvorgaben nicht gesehen wurden.

Die praktizierte Kreditpolitik und deren externe Unterstützung erzielten nicht die erwünschten Ergebnisse, wenn man sie an der erklärten Zielsetzung mißt. Hinzu kommt, daß die falschen Annahmen über die wirtschaftlichen Selbsthilfepotentiale in ländlichen Räumen und der zu enge Begriff von Ländlichem Finanzwesen den Blick für bereits Existierendes verstellte: Die Vorteile einer Zusammenarbeit mit bestehenden informellen Institutionen wurden nicht gesehen und die Möglichkeiten zur Mobilisierung ländlicher Ressourcen außer acht gelassen.

Die traditionelle Förderungsstrategie wird noch immer in beträchtlichem Umfang verfolgt, obwohl ihre negativen Konsequenzen deutlich spürbar sind: Die verlorenen Kredite der Entwicklungsbanken sind eine der Ursachen für die weitgehende Funktionsunfähigkeit der Finanzmärkte der Dritten Welt und für die starke Verschuldung vieler Entwicklungsländer. Dies schlägt sich heute in extremer Kapitalknappheit nieder. Außerdem ist der Handlungsspielraum für eine Kehrtwende in der Förderungskonzeption eingeengt worden. Die Gruppe der ärmeren ländlichen Bevölkerung ist gegenüber Förderungsangeboten und gegen staatliche Banken skeptisch geworden oder erwartet nicht selten immer neue Subventionen.

2.4 Die Bedeutung und Struktur ländlicher Finanzmärkte

2.4.1 Ländliches Finanzwesen und ländliche Finanzmärkte

2.4.1.1 Ländliche Finanzmärkte als Teil des Ländlichen Finanzwesens

Wie oben begründet wurde, ist es unter entwicklungspolitischen Aspekten sinnvoll, einen sehr weiten Begriff von Ländlichem Finanzwesen zu verwenden. Dieser geht von den Finanzdispositionen ländlicher Wirtschaftseinheiten, den Haushalten und Betrieben, aus. Zu den Finanzdispositionen gehören alle potentiellen, alle gewünschten und alle tatsächlich praktizierten Formen der Bildung und Anlage von Vermögen, der

Absicherung gegen Risiken und der Beschaffung von Ressourcen, die später zurückerstattet werden müssen. Das schließt realwirtschaftliche und nicht in monetärer Form ablaufende Vorgänge ebenso ein wie solche, die sich als Nachfrage nach den Finanzleistungen von Finanzinstitutionen zeigen. Diesem weiten Begriff von Ländlichem Finanzwesen würde ein weiter Begriff von ländlichen Finanzmärkten entsprechen, mit dem die Gesamtheit der finanziellen Beziehungen zwischen allen einzelnen Wirtschaftseinheiten einschließlich der Finanzinstitutionen erfaßt würde.

Üblicherweise - und auch hier - wird der Begriff aber enger gefaßt: Ländliche Finanzmärkte sind die Märkte - d.h. Angebot und Nachfrage und deren Abstimmung - für die Leistungen von Finanzinstitutionen oder der finanziellen Infrastruktur. Welche Finanzleistungen fragen Haushalte und Betriebe nach (dazu Abschnitt 2.5.2), und wer sind die relevanten Anbieter, bzw. welche Finanzinstitutionen sind im ländlichen Raum vertreten (dazu Abschnitt 2.5.3)? Selbst wenn man den Kreis der Finanzinstitutionen weit zieht, ist leicht zu erkennen, daß die so verstandenen Finanzmärkte nur einen Teil des Finanzwesens bilden, denn nicht jede Finanzdisposition ländlicher Haushalte und Betriebe schlägt sich direkt in der Nachfrage bei Finanzinstitutionen nieder. Man kann die so definierten Finanzmärkte als die Spitze des Eisbergs ansehen. Angebot und Nachfrage bei Finanzinstitutionen des formellen Sektors sind davon sogar nur ein Teil. Der ganze Eisberg ist das Ländliche Finanzwesen. Selbstverständlich ist die sichtbare Spitze nicht unabhängig von den unsichtbaren Teilen: Ländliche Finanzmärkte sind zugleich Teil und Reflex des Ländlichen Finanzwesens. Dies muß man sehen, wenn man durch Maßnahmen das gesamte Ländliche Finanzwesen fördern will, aber vor allem bei den Finanzmärkten und insbesondere bei den formellen Finanzinstitutionen Ansatzpunkte für Maßnahmen findet (s. dazu Kap. 4). Weil sie umfassender sind und die Grundlage für die

Nachfrage nach den Leistungen der Finanzinstitutionen bilden, werden im folgenden zuerst die Finanzdispositionen der ländlichen Haushalte/Betriebe betrachtet.

2.4.1.2 Finanzdisposition Sparen

Die grundlegende Finanzdisposition ist das Verändern von Einkommensströmen durch Sparen: Wenn ein ländlicher Haushalt/Betrieb einen Einkommensüberschuß über den unabweisbaren sofortigen Konsumbedarf hinaus hat, entsteht die Möglichkeit, zu sparen, d.h. gegenwärtiges Einkommen in zukünftiges umzuwandeln. Das gegenwärtige Einkommen kann in Geldform oder in Naturalien gespart werden. Der gesparte Betrag kann für späteren Konsum oder Investitionen vorgesehen sein oder als Reserve für unvorhergesehenen Bedarf dienen. Die Möglichkeiten der Übertragung gegenwärtiger in zukünftige Konsummöglichkeiten sind vielfältig: Es kann damit sofort Realvermögen gebildet werden, d.h. Naturalien können gelagert, ein Haus gebaut, ein (Spar-)Schwein gemästet oder ein Baum oder eine Hecke angepflanzt werden, oder es können Kinder als "Vermögensanlage" aufgezogen - "Humankapital" gebildet - werden. Sparen und Investieren fallen dabei zusammen, und nicht immer ist die Rentabilität dieser Investitionen hoch. Es wird ja investiert, um zu sparen, nicht umgekehrt, wenn andere Sparmöglichkeiten mit einem positiven Zinssatz nicht zugänglich sind. Auch Nachbarschaftshilfe kann als eine Form der "Vermögensbildung" betrachtet werden, sofern damit der Anspruch entsteht, künftig geholfen zu bekommen.

Auch das Horten von Geld ist eine Sparform, das Erwerben von finanziellen Forderungen durch die Gewährung von Darlehen oder von Beteiligungen am Geschäft eines anderen, insbesondere eines Verwandten oder durch die Einlage von Geld bei Finanzinstitutionen ist eine andere.

Welche Form der Vermögensbildung eine ländliche Wirtschaftseinheit wählt, hängt ab von dem Ertrag, der Sicherheit, der Bequemlichkeit und der Flexibilität oder Liquidität der konkurrierenden Anlageformen. Das monetäre Sparen bei Finanzinstitutionen ist also keineswegs die einzige Form des Sparens. Sie ist nicht immer die günstigste und jedenfalls nicht die am meisten verwendete.

2.4.1.3 Finanzdisposition (Ver-)Sichern

Mit dem Sparen ist häufig das Bestreben nach Absicherung gegen Risiken aller Art verbunden. Die Vermögensbildung selbst sichert gegen Einkommensrisiken und die Vermögenshaltung in Form von Realvermögen gegen Preis- bzw. Preisniveauänderungen. Das Sparen durch Einlagerung von Getreide sichert gegen spezielle Preissteigerungen des Hauptnahrungsmittels und zugleich des Saatgutes. Sichern kann sich eine ländliche Wirtschaftseinheit aber auch durch viele andere realwirtschaftliche Maßnahmen, wie z.B. durch Mischkulturanbau oder durch die Aufnahme gewerblicher Nebentätigkeiten. Eine Form der Sicherung ist es auch, wenn sich jemand im Dorf, in der Familie und bei den Nachbarn, beim Geldverleiher oder bei der Finanzinstitution als verläßlich und kreditwürdig erweist.

Formelle, institutionelle Formen der (Ver-)Sicherung (vgl. Abschnitt 3.4.1.4) sind also ebenfalls nur ein Element des Sicherungssystems, das ggfs. mit anderen Formen konkurriert. Damit sie akzeptiert werden, müssen sie, wie auch die formellen Anlagemöglichkeiten, günstig, d.h. bedarfsgerecht, leicht zugänglich und preiswert sein. Und sie sind ebenfalls nicht die am meisten verwendeten Sicherungsformen.

2.4.1.4 Finanzdisposition Kreditaufnahme

Der Finanzdisposition Sparen stehen die der Kreditaufnahme in verschiedenen Formen gegenüber. Zur Anpassung der Einkommensströme
an die geplanten Ausgabenströme gehört der Konsumkredit als ein zeit-
liches Vorziehen des möglichen Konsums vor den Anfall des Einkom-
mens. Daß ein Kredit dem Konsum dient, sagt nichts über seinen sozialen Wert aus. In der Praxis ist auch die Trennung zwischen Konsum (im
Haushalt) und Investition (im Betrieb) oft schwierig, weil Haushalt und
Betrieb in aller Regel nicht getrennt sind. Ist die Erhaltung der Arbeitskraft und Gesundheit Konsum oder "investment in human capital"?

Der typische Betriebs- und Investitionskredit dient nicht der Anpassung
der Einkommensströme an die geplanten Ausgabenströme, sondern der
Schaffung von zusätzlichem Einkommen. Investitionen erfordern den
Einsatz von Mitteln - Geld, Naturalien oder Arbeitskraft -, ehe der Ertrag der Investition anfällt. Damit sich die Investition lohnt, muß mindestens der erwartete spätere Ertrag über dem Mitteleinsatz liegen.

Auch Kredite gibt es in vielen Formen. Wer bei der Nachbarschafts-
oder Familienhilfe die Arbeitskraft oder das Geld anderer verwenden
kann, ehe er seinerseits Hilfe leistet, finanziert so seine Investition.
Geld- oder Naturalkredite gibt es - zu sehr unterschiedlichen Konditionen und Zinskosten - bei sehr unterschiedlichen Stellen, nicht nur bei
Kreditinstituten. Natürlich ist die Selbstfinanzierung, d.h. die Ansammlung investierbarer eigener Mittel, eine mögliche Form der Investitions-
finanzierung. In ländlichen Räumen von Entwicklungsländern ist sie die
bei weitem vorherrschende Form . Daraus folgt: formelle Finanzinstitutionen müssen auch im Kreditgeschäft konkurrenzfähig gegenüber den
alternativen Quellen und Formen des Kredits sein, wenn sie ihre finanziellen Leistungen "anbringen" wollen. Die formellen Kredite müssen

wirklich bedarfsgerechter und billiger als die informellen Formen des
Kredits sein. Es ist aber gesamtwirtschaftlich wie auch einzelwirtschaftlich und entwicklungspolitisch problematisch, wenn formelle Kredite
durch Zinssubventionierung oder sogar dadurch attraktiv gemacht werden, daß man die Rückzahlung nicht ernsthaft erwartet.

Der Zusammenhang zwischen dem weiten Begriff der Finanzdispositionen und dem hier verwendeten engeren Begriff der ländlichen Finanzmärkte ist in der Abbildung 2 zusammengefaßt.

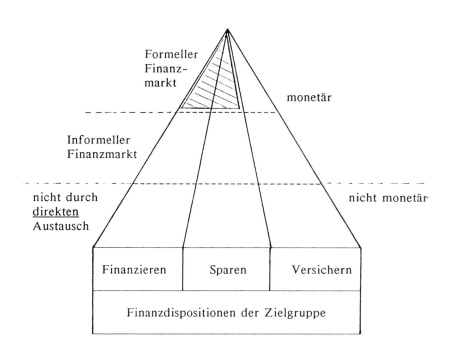

Abb. 2:   Finanzdispositionen und Finanzmarkt

2.4.2 Der Leistungsbedarf der Zielgruppen

Im folgenden wird zur Kennzeichnung der Struktur ländlicher Finanzmärkte erläutert, welche Nachfrage und welches Angebot es gibt. Die Überlegungen beschränken sich dabei auf den Bedarf der Zielgruppen und auf die grundsätzliche Bedeutung, die die bestehenden Finanzinstitutionen als Anbieter für die Zielgruppen haben.

Welchen Bedarf an möglichen Leistungen von Finanzinstitutionen die Zielgruppen der benachteiligten ländlichen Bevölkerung sowie die Implementalzielgruppen wirklich haben, ist nicht leicht zu erfassen. Insbesondere ergibt es sich nicht aus der Beobachtung der aktuellen Nachfrage, denn diese beobachtbare Nachfrage ist ein Reflex des bisherigen verzerrten Leistungsangebotes. Tiefergehende Analysen, die sich auf Befragungen und auf Haushalts- und Betriebsstudien stützen, liegen zwar vor, und sie zeigen interessante Ergebnisse. Ob diese Ergebnisse verallgemeinert werden können, ist aber fraglich. Daher sind allgemeine Aussagen über den Leistungsbedarf nur mit größten Vorbehalten möglich. Der Bedarf ist im Einzelfall vom Entwicklungsstand des jeweiligen Landes und sogar der jeweiligen Region, von den Produktionsformen in der Landwirtschaft und der Struktur des nichtlandwirtschaftlichen Sektors, vom Ausmaß der Marktintegration und vielen anderen Faktoren abhängig. Dies gilt für das Aktivgeschäft (Kreditvergabe), für das Passivgeschäft (Sparmobilisierung) und für eventuelle Dienstleistungen von Finanzintermediären für die Zielgruppen. Die folgenden Ausführungen sind nicht nur für das Verständnis des Ländlichen Finanzwesens wichtig, sondern auch bei der Planung und Durchführung von Maßnahmen zu berücksichtigen.

2.4.2.1 Der Bedarf an Spar- oder Anlagemöglichkeiten

Das Problem der Zielgruppen ist nicht das Sparen - als die Bildung von Konsum- bzw. Ausgabemöglichkeiten für die Zukunft - an sich. Sparen als Risikovorsorge und zum Zwecke der Eigenfinanzierung von zukünftigen Investitionen ist vor allem dort wichtig, wo das Einkommen unregelmäßig ist, also insbesondere im kleinbäuerlichen und kleingewerblichen Bereich. Und in diesen Bereichen wird auch in Entwicklungsländern zweifellos gespart. Das hier anzusprechende Problem der Zielgruppen ist, ob es für sie möglich und vorteilhaft ist, in monetärer Form und in Form von Einlagen bei Finanzinstitutionen zu sparen.

Ob in realer oder in monetärer Form gespart wird, hängt vor allem vom Monetarisierungsgrad und dessen Determinanten ab. Insbesondere bei hoher Inflation und bei geringer Marktintegration wird Geld auch als Wertaufbewahrungsmittel aus guten Gründen wenig genutzt. Gespart wird dann eher in Form von Realvermögen, insb. in Form von Vieh, Baumaterial und Edelmetallen.

Abgesehen davon, daß dies für die gesamtwirtschaftliche Entwicklung nötige Ressourcen bindet, ist es auch für den einzelnen Sparer nicht ideal: Realvermögen ist illiquide, und eine Umwandlung in liquide Mittel ist zeitaufwendig und schwierig. Dies gilt zwar als Regel, aber es gibt Ausnahmen: Je allgemeiner bestimmte Formen von Realvermögen als Wertaufbewahrungsmittel genutzt werden, um so liquider sind sie auch. Vieh ist in manchen Regionen, z.B. in Nordkamerun, durchaus liquide. Dies mildert den einzelwirtschaftlichen Nachteil der realen Vermögenshaltung, aber es hat den gesamtwirtschaftlich negativen Effekt, daß die Viehherden Größenordnungen erreichen, die das ökologische Gleichgewicht stören. Edelmetalle sind hingegen fast überall liquide, aber sie bringen keine Zinsen.

Eine weitere Ursache für die Wahl einzel- und gesamtwirtschaftlich nicht idealer Formen der realen Vermögensanlage liegt im Fehlen von sicheren und ertragreichen Finanzanlagemöglichkeiten. Ob Ersparnisse im Haushalt oder Betrieb gehalten oder bei Finanzintermediären eingelegt werden, hängt von den angebotenen Zinserträgen im Vergleich zum Ertrag der eigenen Anlagemöglichkeiten, von der Höhe der Transaktionskosten, von den Konditionen und von der Sicherheit und Liquidität des Sparformenangebots ab.

Der Zusammenhang zwischen der Sparneigung und der Zinshöhe ist lange umstritten gewesen. Inzwischen gibt es Untersuchungen aus vielen Ländern, die übereinstimmend belegen, daß die Zinshöhe die Sparform sehr stark beeinflußt. Sparer legen ihre Überschüsse in monetärer Form bei Finanzintermediären also wesentlich unter dem Gesichtspunkt der angebotenen Zinsen an. Daß dabei die realen Zinsen (angebotener Zinssatz abzüglich der Inflationsrate) und nicht die Nominalzinsen maßgebend sind, ist jedenfalls bei merklicher Inflation anzunehmen. Bislang waren niedrige Sparzinsen bei hoher Inflation (also negative Realzinsen) oft ein Hinderungsgrund für Finanzsparen in ländlichen Gebieten - und es ist zu erwarten, daß sie es in Zukunft auch in vielen Ländern bleiben werden.

Auch die übrigen Konditionen von Finanz-Anlagemöglichkeiten entsprechen häufig nicht den Bedürfnissen der Zielgruppen: Von Banken geforderte Mindesteinlagen behindern bei den üblicherweise niedrigen Sparsummen ländlicher Sparer deren Zugang zu Anlagemöglichkeiten. Die Transaktionskosten für die Eröffnung und Unterhaltung von Sparkonten und die Kosten der Kontoführung bei Finanzintermediären werden von Sparern naturgemäß möglichst niedrig gewünscht. Sie verringern ebenso wie Anreisezeiten und Wartezeiten den Nettoertrag des Finanz-

sparens. Bei vielen Banken sind die Anreise lang und der Verwaltungs-
aufwand unnötig kompliziert und die Prozeduren nicht durchschaubar.

Ein weiterer Gesichtspunkt, den Sparer bei der Frage der Sparformen-
wahl berücksichtigen, dürften die Sicherheit und die Liquidität der Anlagemöglichkeiten sein. Gerade die Tatsache, daß viele Banken in ländlichen Gebieten sich als instabil erwiesen haben, schreckt potentielle
Einleger ab. Auch die Liquidität, d.h. die Möglichkeit des schnellen Zu-
griffs auf ersparte Mittel bei kurzfristigen Investitionsmöglichkeiten und
finanziellen Engpässen, ist ein zentrales Bedürfnis von Sparern. Die
bestehende finanzielle Infrastruktur kommt diesem Wunsch zumeist nur
unzureichende nach. Banken im besonderen bieten manchmal für ärmere
Zielgruppen nur Sparformen mit längerfristigen Kündigungsmöglichkei-
ten an, ohne zumindest die Möglichkeit einzuräumen, daß ein Sparer
einen kurzfristigen Kredit erhalten und mit seiner Spareinlage absichern
kann.

Der Leistungsbedarf ländlicher Sparer richtet sich also vor allem auf sichere, liquide Sparformen, die zinsgünstig, kostengünstig und leicht erreichbar sind. Solche Sparformen würden die Bereitschaft zum Finanzsparen erhöhen und damit für die Sparer und die Finanzinstitutionen
Vorteile bieten.

2.4.2.2 Der Kreditbedarf

Der Kreditbedarf ärmerer ländlicher Zielgruppen ist im Zusammenhang
mit dem Sparbedarf zu sehen: In vielen ländlichen Regionen besteht
vermutlich (noch) keine Nachfrage nach Nettokredit; das heißt, die
Nachfrage nach Kredit besteht zwar, aber sie ist betragsmäßig geringer

als das als Ersparnis gehaltene Vermögen. Häufig gibt es also einen kurzfristigen Kreditbedarf zur Beschaffung liquider Mittel, weil die meisten Formen der Vermögensanlage wenig liquid sind. Diese Nachfrage nach Liquidität gilt besonders für kleinbäuerliche und für gewerbliche Betriebe. Überbrückungskredite vor der Aussaat oder vor der Ernte bzw. zur Beschaffung von Umlaufvermögen werden oft dringend gebraucht und hätten unmittelbar einkommenssteigernde Effekte.

Im Zuge einer Betriebsentwicklung und zunehmender Marktorientierung bzw. Veränderung der Produktionsformen und Produkte ist aber ein steigender Bedarf an längerfristigen Kreditformen zu erwarten. Bei manchen landwirtschaftlichen Aktivitäten besteht bereits jetzt ein erheblicher Bedarf an längerfristigen Krediten, z.B. bei Dauerkulturen (Kakao- und Kaffeeproduktion), beim Ausbau von Bewässerungsanlagen, bei langfristigen Bodenverbesserungsvorhaben usw.

Auch der vorherrschende Kreditbedarf des ländlichen Handwerks und Kleinhandels ist gegenwärtig vermutlich zunächst kurzfristiger Art und dient der Vorfinanzierung der Produktion bzw. von Lagerbeständen. Das ländliche Handwerk arbeitet typischerweise in Auftragsfertigung und mit wenig Anlagevermögen. Die übliche Anzahlung bei Auftragsvergabe durch einen Kunden (z.B. bei Bestellung von Töpferwaren) dient unter anderem auch der Vorfinanzierung von Rohstoffen bis zum endgültigen Verkauf der Ware. Der Kreditbedarf betrifft dementsprechend zunächst nur die kurzfristige Vorfinanzierung der Produktion. Entsprechendes gilt für den Kleinhandel. Bei der Finanzierung des Umlaufvermögens von Betrieben, die Auftragsfertigung betreiben, muß man aber beachten, daß die in vielen Ländern vorherrschende Form der Finanzierung durch Kundenanzahlung mehr ist als nur eine - beliebig ersetzbare - Finanzierungsform: Sie ist auch ein Instrument, um den Abnehmer oder Auftraggeber an seinen Auftrag zu binden. Wo die Einhaltung von Verträ-

gen schlecht erzwungen werden kann, ist diese Bindung der Auftraggeber für die Auftragnehmer wichtig. Sie reduziert das Risiko, daß ein
gefertigtes Produkt, z.B. ein Möbelstück, nicht abgesetzt werden kann.
Die bankmäßige Finanzierung des Umlaufvermögens könnte sich daher
als nachteilig für die Handwerker erweisen, sofern nicht zugleich von
der Auftrags- zur Marktproduktion übergegangen wird.

Erst mit zunehmender Entwicklung - mehr Anlagevermögen durch Ma-
schinen, Serienfertigung mit entsprechenden Lagerbeständen beim
Handwerk bzw. größeren Sortimenten und Vorratshaltung beim ländlichen Handel - kann ein erhöhter langfristiger Kreditbedarf mit größeren
Kreditsummen erwartet werden.

Eine Förderung durch produktionstechnische Beratung und Ausbildung
könnte Innovations- und Investitionspotentiale aufzeigen und damit die
kurzfristige Kreditnachfrage zu einer längerfristigen hinlenken und aus-
weiten. Dies gilt für alle ländlichen Wirtschaftsbereiche.

Eine Quantifizierung der Kreditnachfrage unter den gegebenen Bedingungen ist selbst für einzelne Länder nicht möglich. Eine verbesserte
Sparmobilisierung durch entsprechende bedarfsgerechte Angebote der
Finanzinstitutionen würde sicherlich die Nachfrage nach "Liquiditätskre-
diten" reduzieren, da Saisonkredite zur Überbrückung von Finanzeng-
pässen zwischen verschiedenen Ernteperioden und Konsumkredite zur
kurzfristigen Finanzierung bei Notlagen oder für soziale Zwecke und bei
nichtbetrieblichen Anschaffungen durch schnellen Rückgriff auf Ersparnisse überflüssig oder zumindest wesentlich erleichtert würden. Ein Teil
der Nachfrage nach Investitionskrediten würde durch verbesserte Möglichkeiten der Kapitalbildung durch Finanzsparen ebenfalls substituiert
werden.

Der Kreditbedarf von Kommunalbetrieben für Infrastrukturmaßnahmen, die den Zielgruppen zugute kommen, ist in erheblichem Maße langfristiger Natur und auf größere Summen ausgerichtet.

Wie sieht der Kreditbedarf neben den zentralen Merkmalen der Höhe und der Fristigkeit noch aus? Dies betrifft vor allem die gewünschten Konditionen und die Verfügbarkeit.

Viele Untersuchungen in diesem Bereich belegen, daß die Zinshöhe für Kredite gerade für ländliche Armutsgruppen nicht sehr wichtig ist. Die Nachfrage ist weitgehend zinsunelastisch. Dies liegt an den geringen Kreditsummen, bei denen die Zinskosten viel weniger Gewicht haben als die von der Kredithöhe weitaus weniger abhängigen Gebühren und die Kosten und Mühen (Opportunitätskosten) der Kreditbeantragung und der Kreditabwicklung.

Kreditgewährende Institutionen sollten örtlich vorhanden und ohne großen zeitlichen Aufwand erreichbar sein. In einigen Ländern Asiens gilt eine Bankstelle als leicht zugänglich, wenn sie nicht mehr als 6 km vom Haushalt oder Betrieb entfernt ist. Außerdem sollten Kredite nicht zweckgebunden vergeben werden und auch für soziale oder andere nicht produktionsorientierte Zwecke zur Verfügung stehen. Wie bereits weiter oben beschrieben wurde, setzt eine Zweckbindung (fälschlich) voraus, daß Außenstehende betriebliche Investitionspotentiale besser abschätzen können als die Betriebsinhaber. Außerdem werden Haushalt und Betrieb von den Zielgruppen nicht getrennt betrachtet, soziale und produktive Investitionen werden nicht unterschieden und sind häufig auch nicht unterscheidbar.

Vorteilhaft wäre auch eine stärkere Orientierung der Finanzinstitutionen des formellen Sektors am Kreditbedarf der Zielgruppen hinsichtlich der geforderten Kreditsicherheiten. Die Finanzinstitutionen sollten geringere Ansprüche hinsichtlich der formellen Kreditsicherheiten *("collateral")* stellen und sich dafür stärker an der Kreditwürdigkeit *("character")* des Kreditnehmers und an den erzielbaren Investitionserträgen *("capacity")* ausrichten.

Eine wichtige soziale Forderung ist der Wunsch nach Diskretion und Ehrlichkeit. Banken zeichneten sich manchmal durch wenig Verschwiegenheit aus; "Geschenke" an Kreditbearbeiter sind des öfteren Voraussetzung für eine Kreditvergabe. Eine ordentliche Kreditbuchhaltung und ein Mahnwesen fehlen häufig. Kreditrückzahlungen werden mitunter mehrfach eingetrieben, wenn die Banken keine Empfangsbescheinigungen für Rückzahlungen ausstellen.

Gewünscht wird also, was formelle Institutionen in der Regel bei Krediten nicht liefern: Eine formlose, schnelle Kreditbeantragung, eine schnelle Bereitstellung und flexible Rückzahlungsmöglichkeiten. Dies entspricht vor allem der Produktionssituation ländlicher Betriebe. Es ist zwar selbst für Finanzintermediäre, die zielgruppenorientiert arbeiten oder arbeiten wollen, nicht einfach, diesen Wünschen zu entsprechen. Eine stärkere Bedarfsorientierung ist aber auf jeden Fall möglich, wie viele Beispiele des informellen Finanzsektors beweisen.

2.4.2.3 Der Dienstleistungsbedarf

Unter den Dienstleistungsbegriff fallen Dienstleistungen im engeren Sinne und sogenannte komplementäre Dienstleistungen.

Dienstleistungen im engeren Sinne sind insbesondere Investitions- und Finanzberatung und Zahlungsabwicklung. Der Zielgruppenbedarf in dieser Richtung ist schwer abschätzbar, sicherlich besteht aber ein Interesse an effizienter und verläßlicher Abwicklung des Zahlungsverkehrs. Kreditberatung und Anlagenberatung kommen ebenfalls den Kundenwünschen entgegen. Eine weitere wichtige Dienstleistung, für die ein Bedarf bei den Zielgruppen bestehen dürfte, ist die Vermittlung von Versicherungen. Im Vordergrund dürften dabei zunächst Individualversichungen wie z.B. Ernte- und Viehversicherungen oder Versicherungen für den Todesfall stehen. Der Bedarf an Sozialversicherungen ist situationsabhängig; so dürfte in den ländlichen Gebieten mit festgefügten Sozialstrukturen und Großfamilienverbänden die Nachfrage eher gering sein. Auf die Vor- und Nachteile von Versicherungen wird im nächsten Kapitel noch ausführlicher eingegangen.

Komplementäre Dienstleistungen im Bereich der Produktvermarktung und Betriebsmittelbeschaffung gehören normalerweise nicht zu den Aufgabengebieten von Finanzinstitutionen. Falls jedoch keine eigenen Institutionen oder Strukturen in diesem Bereich bestehen, können Finanzinstitutionen dem Zielgruppenbedarf hier sehr entgegenkommen. Durch die Kopplung mit Finanzleistungen können sie Kosten und Risiken im Kreditgeschäft senken.

2.4.3 Die Anbieter von finanziellen Leistungen

Als Anbieter von finanziellen Leistungen auf ländlichen Finanzmärkten sind formelle und informelle Finanzinstitutionen zu unterscheiden. Die Abgrenzung zwischen formellen und informellen Finanzinstitutionen erfolgt üblicherweise nach dem Merkmal, ob die Institution einer staatlichen Registrierung und Kontrolle und einer Steuerung durch die Zentralbank unterliegen. Die Unterscheidung ist wichtig, weil

- viele informelle Finanzinstitutionen inclusive der Geldverleiher gerade wegen ihrer Informalität zielgruppennah und bedarfsgerecht operieren können,

- die Zuordnung in der Regel bestimmt, ob die Institutionen selbst Zugang zum Förderungsangebot des jeweiligen Staates oder aus dem Ausland haben. Der formelle Status ist in der Regel Voraussetzung für direkte staatliche Förderung.

Formelle Finanzinstitutionen sind ländliche bzw. auf dem Lande operierende Entwicklungsbanken, Geschäftsbanken und die vielfältigen Formen von Genossenschaften. Informelle Finanzinstitutionen sind finanzwirtschaftliche Selbsthilfeeinrichtungen wie Sparvereine und sog. rotierende Spar- und Kreditvereine (*rotating savings and credit associations, ROSCAs*). Bei einer weiten Fassung des Begriffs von informellen Finanzinstitutionen kann man auch Geldverleiher zu ihnen rechnen. Ob sie als Institutionen zu bezeichnen sind, mag fraglich sein, jedenfalls sind sie wichtige Anbieter von Finanzleistungen.

Der informelle Finanzmarkt im weiten Sinne umfaßt nicht nur die hier genannten Anbieter von finanziellen Leistungen. Die genannten sind ganz oder weitgehend auf das Angebot finanzieller Leistungen spezialisiert. Sie sind daher auch leicht als Anbieter am informellen Finanzmarkt erkennbar. Zum informellen Finanzmarkt gehören aber auch die finanziellen Beziehungen, die - wie in extremer Form im Familienverband - unentwirrbar mit anderen, nichtfinanziellen Beziehungen verknüpft sind. Da bei ihnen der finanzielle Aspekt auch oft nicht im Vordergrund steht, sind sie als Teil des Finanzmarktes nur schwer zu erkennen.

2.4.3.1 Anbieter im formellen Sektor

Die Entwicklungsbanken mit Bedeutung für kleine Betriebe im ländlichen Raum umfassen neben den bereits angesprochenen reinen Agrarentwicklungsbanken auch solche, die zugleich oder ausschließlich nichtlandwirtschaftliche Betriebe finanzieren. Entwicklungsbanken waren geschaffen worden, um die Lücke im institutionellen System dort zu schließen, wo andere Banken (noch) nicht operierten. Demgemäß waren und sind sie staatliche oder halbstaatliche Banken in privater Rechtsform, die sich auf das Kreditgeschäft spezialisiert haben und sich ganz oder weitgehend aus dem Ausland oder bei der Regierung oder der Zentralbank refinanzieren. Die Mobilisierung von Ersparnissen bzw. die Annahme von Einlagen gehört typischerweise nicht zu ihren Aufgaben. Seit einigen Jahren sollen sich Entwicklungsbanken verstärkt um die Finanzierung kleiner und mittlerer Betriebe bemühen. Von einigen bemerkenswerten Ausnahmen abgesehen sind die Entwicklungsbanken auch ihren neuen Aufgaben nicht gerecht geworden. Sie konnten die Zielgruppen der kleinen Betriebe nicht in ausreichendem Maße erreichen und/oder sie konnten sich nicht als stabile und leistungsfähige Finanzinstitutionen behaupten, weil ihre Geschäftspolitik mehr an der Aufgabe, staatliche Politik durchzusetzen, als am Bedarf ihrer Kunden ausgerichtet waren und sind.

Große Geschäftsbanken mit Zweigstellen auf dem Lande gibt es inzwischen ebenso wie Sparkassen und dezentrale "rural banks" mit örtlich beschränktem Tätigkeitsbereich. Die ländlichen Filialen städtischer Banken sammeln vor allem Spareinlagen, die dann aber nicht auf dem Lande ausgeliehen, sondern vor allem in städtische Gebiete transferiert werden. Eine Kreditvergabe in ländlichen Räumen erfolgt selten und vor allem nicht an die Zielgruppen der ärmeren Bevölkerung. Regional arbeitende ländliche Banken haben nicht den entwicklungspolitisch häufig negativen

Effekt, Kapital aus ländlichen in städtische Regionen zu verschieben. Aber auch sie wenden sich in der Regel nicht an die Zielgruppen.

Den großen Geschäftsbanken wird wegen ihrer Gewinnorientierung und ihrer professionellen Operationsweise gerade in den letzten Jahren vermehrt die Fähigkeit zugesprochen, dynamisch und effizient zu arbeiten. Damit könnten sie im Prinzip gerade die Innovationsfunktion erfüllen, die man den Entwicklungsbanken zugewiesen hatte, als Bankzweigstellen auf dem Lande noch kaum existierten. Einige ihrer ländlichen Zweigstellen haben das nötige Know-how, um innovative Investitionen zu finanzieren und durch Beratung und Betreuung auch zum Erfolg zu führen. Es ist aber fraglich, ob sie - von vorzeigbaren Experimenten abgesehen - überhaupt die Innovationsfinanzierung auf dem Lande insgesamt als strategisches Geschäftsfeld ansehen.

Ein wesentlicher Grund für die zu beobachtende Zurückhaltung der Geschäftsbanken bei der Kreditvergabe auf dem Lande und insbesondere gegenüber der Zielgruppe kleiner ländlicher Betriebe ist in der Zins- bzw. Preisregulierung zu sehen, die eine solche Tätigkeit nicht lohnend sein läßt. Es gibt zwar in einigen Ländern auch von Geschäftsbanken getragene ländliche Kreditprogramme, aber viele von diesen werden als nicht kostendeckende Wohltätigkeits- bzw. Public-Relations-Aktionen durchgeführt und betrachtet.

Die Bedeutung von Entwicklungsbanken und Geschäftsbanken für die ärmere ländliche Bevölkerung ist, von Ausnahmen abgesehen, eher als gering einzustufen.

Das Spektrum genossenschaftlicher Finanzinstitutionen in ländlichen Räumen ist weit. Es umfaßt insbesondere zwei Grundformen:

(1) Mehrzweckgenossenschaften mit einer Kredit- und/oder Sparkomponente und Tätigkeitsschwerpunkten in den Bereichen Beschaffung und Absatz und

(2) ländliche Spar- und Kreditgenossenschaften, die in einfachen Organisationsformen einfache finanzielle Leistungen für ihre Mitglieder erbringen.

Gemeinsame Merkmale aller Genossenschaften sind - wenigstens im Prinzip - die Zielsetzung der Förderung der Mitglieder, die Identität von Eigentümern und Kunden und eine basis-demokratische Struktur.

Von ihrem Potential her wären genossenschaftliche Finanzinstitutionen die idealen Träger des Ländlichen Finanzwesens für die Zielgruppen der ärmeren Bevölkerung:

- Sie sind nach Konstruktion und Funktion zielgruppennah.

- Wegen des Förderungsziels sind sie darauf ausgerichtet, den Bedarf der Zielgruppen zu erkennen und zu befriedigen.

- Wegen des Selbsthilfecharakters sind sie besonders geeignet, ein unvollständiges oder diskriminierendes Finanzsystem auch bei staatlich gesetzten Zinsbeschränkungen zu ergänzen und den Vorteil, den Kreditnehmer bei politisch vorgegebenen zu niedrigen Zinsen gegenüber Einlegern erfahren, innerhalb der Gruppe der Mitglieder zu halten.

- Genossenschaften kennen ihre Kredite beantragenden Mitglieder gut. Soziale Kontrolle und evtl. sozialer Druck können Rückzahlungsfähigkeit und Rückzahlungsbereitschaft stärken.

- Durch die Kombination von Kredit-, Spar- und Warengeschäft lassen sich Kosten und Risiken der Kreditvergabe senken: Die umfassende Versorgung stärkt die Ertragskraft der Kreditnehmer, und die Abhängigkeit von den Leistungen der Genossenschaft stärkt die Anreize zu ordnungsgemäßer Rückzahlung.

Die Realität genossenschaftlicher (Finanz-) Institutionen weicht jedoch häufig von dem Ideal ab und ist auch an realistischen Zielvorstellungen gemessen unbefriedigend. Viele Genossenschaften in Entwicklungsländern sind nicht bodenständige, die tradierten Verhaltensformen und Normen berücksichtigende Institutionen, sondern von außen aufgedrückte Imitationen europäischer und nordamerikanischer Vorbilder. Mitunter scheitern Genossenschaften auch an dem Konflikt zwischen traditionellen Autoritätsstrukturen und dem eher modernen basisdemokratischen Prinzip. Die wohl wichtigste Quelle der Probleme sind staatliche Interventionen. Wenn Genossenschaften zum Instrument staatlicher Politik werden, leiden mit ihrer Autonomie auch ihre Stabilität und Effizienz. Dies gilt, wenn die Genossenschaftsbewegung allein um ideologischer Konzeptionen willen gestützt wird, wenn staatliche Interventionen, wie bei vielen Vermarktungsgenossenschaften, letztlich auf eine Besteuerung der Agrarproduktion hinauslaufen oder wenn damit eine Produktionssteigerung auf Kosten der langfristigen Ertragsfähigkeit und Stabilität der ländlichen Betriebe forciert wird. Es gilt aber auch bei einer Förderung, die vordringlich den Zielgruppen nutzen will, wenn dabei Streitigkeiten um die zu verteilenden Begünstigungen ausgelöst werden, die das gemeinsame Interesse an der Solidargemeinschaft sprengen.

Ein gemeinsames Problem fast aller Genossenschaften ist die Kontrolle von Funktionsträgern. Die basisdemokratische Kontrolle versagt gerade bei großen Genossenschaften. Die Mitglieder reagieren auf Mißstände,

indem sie sich zurückziehen, statt dagegen anzugehen. Das geringe Sparaufkommen schlecht funktionierender Spar- und Kreditgenossenschaften
muß als Indikator für das Mißtrauen der Basis gegenüber einem selbst-
herrlichen Management gedeutet werden. Die staatliche Aufsicht ist selten in der Lage, die Basiskontrolle zu ersetzen, oder sie eröffnet ihrerseits neue Mißbrauchsmöglichkeiten. Unter anderem wegen der Kon-
trollprobleme sind auch die Effizienz und die Qualität der Leistungen
bei vielen Genossenschaften verbesserungsbedürftig.

Keinesfalls sind aber die Mißstände so allgemein und so verbreitet, daß
genossenschaftliche Finanzinstitutionen generell mit Skepsis zu betrachten wären. Für die Zielgruppen der ärmeren ländlichen Bevölkerung ist
entscheidend, ob eine Genossenschaft von ihren Mitgliedern oder vom
Staat oder von einer unkontrollierbaren Führungselite beherrscht wird.
Der Wert echter, demokratischer Selbsthilfe-Genossenschaften für die
Zielgruppen ist unbestreitbar.

2.4.3.2. Anbieter im informellen Sektor

Informelle Finanzinstitutionen in der Form von finanzwirtschaftlichen
Selbsthilfegruppen gibt es in vielen Ländern in den unterschiedlichsten
Ausprägungen. In einigen Ländern ist ihre Bedeutung für die ärmere
Landbevölkerung größer als die der formellen Finanzinstitutionen.

Manche Gruppen sind reine Sparvereine; der gemeinsame Zweck besteht
darin, sich gegenseitig zu einer gewissen Spardisziplin zu erziehen und so
zu erreichen, daß die Mitglieder zumindest gelegentlich über größere
Geldsummen verfügen können. Die Mitglieder verpflichten sich gegenseitig zu regelmäßigen Sparleistungen, und diese Verpflichtung hat meist
eine beträchtliche soziale Bindungswirkung. In manchen Ländern legen

die Gruppen das gemeinsam gesparte Geld bei Banken an, andere halten es in der Kasse und verwenden es für gemeinsame Zwecke.

Einfache Spar- und Kreditvereine sammeln regelmäßig Einlagen von ihren Mitgliedern, die später zurückgezahlt und in der Zwischenzeit an einzelne Mitglieder - nach Bedarf oder nach sozialem Status - ausgeliehen werden können. Rotierende Spar- und Kreditvereine (*ROSCAs*) veranstalten regelmäßige Treffen, bei denen jedes Mitglied einen bestimmten Betrag einzahlt. Die bei einem Treffen eingezahlte Summe wird ganz oder teilweise einem Mitglied ausgezahlt. Die Reihenfolge, in der die Mitglieder einer *ROSCA* die "Zuteilung" erhalten, kann nach verschiedenen Verfahren, im einfachsten Fall durch Losentscheid, bestimmt werden.

Mit den Spar- und Kreditvereinen verwandt sind die "Arbeitsgruppen", in denen entweder reihum auf dem Felde eines Mitglieds gearbeitet wird oder in denen gegen Bezahlung auf fremden Feldern gearbeitet wird und der Lohn für die gemeinsame Arbeit reihum einzelnen Mitgliedern zufließt. Ein Zyklus dauert so lange, bis jedes Mitglied einmal die Einzahlungen eines Treffens erhalten oder von der gemeinsamen Arbeit profitiert hat. Die Teilnahme an einer *ROSCA* oder einer "Arbeitsgruppe" stellt für ein Mitglied eine Verbindung von temporärem Sparen und temporärer Kreditaufnahme dar. Es gibt Varianten von *ROSCAs*, bei denen de facto Zinsen berechnet werden, und solche, bei denen zugleich ein Kredit- oder ein Versicherungsfonds gebildet wird.

Die Verbreitung und die allenthalben festgestellte Stabilität von informellen Finanzinstitutionen zeigen, daß sie für die Masse der Bevölkerung zugänglich, wichtig und nützlich sind. Es ist auffallend, daß die Verpflichtungen gegenüber informellen Finanzinstitutionen in aller Regel konsequent erfüllt werden. Soziale Kontrolle steigert die Fähigkeit und sozialer Druck die Bereitschaft, die Verpflichtungen zu erfüllen. Im nächsten Kapitel ist darauf einzugehen, wie sich die Qualität der Finanzleistungen von informellen Finanzinstitutionen stärken läßt.

Geldverleiher sind entweder reine "moneylenders", oder sie sind zugleich Händler oder Grundbesitzer. In einigen Ländern Asiens beherrschen sie den ländlichen Finanzmarkt, in kaum einem Land der Welt gibt es sie nicht. Für die ärmere ländliche Bevölkerung sind Geldverleiher häufig die einzige zugängliche Quelle von Kredit. Geldverleiher sind in der Regel sehr kundennah, sie kennen die Kreditnehmer genau und können schnell, unkompliziert und bedarfsgerecht Kredite vergeben. Insofern stellen die Geldverleiher sogar eine Form der Absicherung gegen Liquiditätsprobleme dar.

Geldverleiher haben und nutzen vielfältige Möglichkeiten, die Kreditnehmer zur Rückzahlung der Kredite einschließlich der mitunter extrem hohen Zinsen zu veranlassen. Dazu nützen sie auch soziale Abhängigkeiten aus, was besonders dann leicht möglich ist, wenn die Geldverleiher zugleich Händler oder Grundherren sind.

Hinsichtlich ihrer Flexibilität und ihrer Geschicklichkeit bei der "Kreditkontrolle" können Geldverleiher für viele formelle Finanzinstitutionen als Vorbild dienen. Die Problematik der informellen Geldverleiher liegt freilich darin, daß sie die Abhängigkeiten, die sie schaffen und nutzen, auch häufig mißbrauchen. Dies ist besonders dann gravierend, wenn einzelne Geldverleiher zudem eine Monopolstellung haben. Eine wichtige Funktion von formellen und informellen Finanzinstitutionen ist daher auch, die Macht der Geldverleiher durch Konkurrenz zu beschränken.

2.4.4 Eine vorsichtige Einschätzung

Auch wenn die finanzielle Infrastruktur und ihre Leistungen immer nur einen Teil des Finanzwesens umfassen können, ist dieser Teil gegenwärtig in den ländlichen Räumen der meisten Entwicklungsländer kleiner, als er wäre, wenn der Ausbau der finanziellen Infrastruktur den Interessen der ländlichen Bevölkerung entsprechen würde. Ländliche Finanzmärkte sind in der Regel selbst unterentwickelt und tragen zur Entwicklung ländlicher Gebiete zu wenig bei. Das hat eine Reihe von Gründen. Nur die drei wichtigsten sind hier zu nennen:

(1) Die Überlassung von Kapital an andere ist generell risikoreich. Dies gilt aber besonders für ländliche Regionen in Entwicklungsländern. Nicht nur die natürlichen, wetterbedingten Risiken der Landwirtschaft sind beträchtlich, sondern auch die häufig prekäre infrastrukturelle Anbindung führt zu Beschaffungs- und Absatzrisiken für alle Kreditnehmer. Die Risiken der Kreditnehmer werden zu Risiken der Kreditgeber, wenn sich diese nicht hinreichend absichern können. Risiken im Kreditportefeuille ländlicher Finanzinstitutionen, die Finanzintermediäre sind, können auch die Sicherheit von Einlagen gefährden.

(2) Auf ländlichen Finanzmärkten in Entwicklungsländern haben alle Beteiligten - die Kreditnehmer, die Finanzinstitutionen und die Sparer - geringere Möglichkeiten als in städtischen Gebieten bzw. in Industrieländern, ihre jeweiligen Risiken zu begrenzen. Insbesondere ist es für Kreditgeber, z.B. Finanzinstitutionen, schwer, sich von dem Investitionsrisiko ihrer Kreditnehmer freizuhalten. Eine "Abschottung" gegenüber dem Investitionsrisiko ihrer Kreditnehmer erreichen Finanzinstitutionen durch "banküblliche" Kreditsicherheiten. Aber die Zielgruppen der ärmeren ländlichen Bevölkerung können

solche Kreditsicherheiten in der Regel nicht vorweisen, oder die Bank sieht zu große Schwierigkeiten, sie zu verwerten.

(3) Die wirtschaftlichen Rahmenbedingungen wirken sich häufig hemmend auf die Funktion von Finanzmärkten aus. Das gilt sowohl für allgemeine Rahmenbedingungen, die die Beschaffung, die Produktion und den Absatz ländlicher Betriebe betreffen, als auch für spezielle finanzwirtschaftliche Rahmenbedingungen, die den Tätigkeitsbereich von Finanzinstitutionen beschränken. Die sogenannte "financial repression" insbesondere durch Zinsbeschränkungen führt in vielen Ländern zu einer Unterversorgung ländlicher Regionen mit Finanzleistungen.

Mehr, sowie leistungsfähigere und stabilere Finanzinstitutionen müßten die Kluft zwischen dem Bedarf an Finanzleistungen und dem Angebot durch Finanzinstitutionen verringern können. Wie das geschehen kann wird im nächsten Kapital beschrieben.

3. Das Ländliche Finanzwesen im Dienste der ländlichen Entwicklung: Ein realistisches Leitbild

3.1 Ausgangspunkte

In diesem Kapitel ist die Frage zu beantworten: Welchen <u>konkreten</u> Beitrag zur Entwicklung ländlicher Räume kann die ländliche finanzielle Infrastruktur (oder das Ländliche Finanzwesen im engeren Sinne) leisten? Ihr Beitrag hängt vor allem von drei Gruppen von Einflußfaktoren ab: von der Ausgestaltung der Rahmenbedingungen (dazu Abschnitt 3.2), von der Art und dem Umfang der zu erbringenden finanziellen Leistungen und insbesondere der bedarfsgerechten Gestaltung der Leistungen für die Zielgruppen (dazu Abschnitt 3.3) und von den Eigenschaften der Institutionen, die als Träger die Leistungen erbringen sollen (dazu Abschnitt 3.4).

Wir gehen hier davon aus,

- daß eine gut funktionierende ländliche finanzielle Infrastruktur eine wesentliche Entwicklungsbedingung für ländliche Räume ist,

- daß als Zielgruppen einer Förderung des Ländlichen Finanzwesens alle potentiellen Sparer und Kreditnehmer anzusehen sind, gleichzeitig aber die Belange der ärmeren ländlichen Bevölkerung besonders zu beachten sind,

- daß eine Förderung des Ländlichen Finanzwesens sich keineswegs darauf beschränken kann, aus dem Ausland oder von der Zentralbank kommende Mittel als Agrarkredite über staatliche Banken an moderne und große landwirtschaftliche Betriebe zu schleusen.

Auf dieser Basis aufbauend werden in diesem Kapitel konkretere Fragen nach den Möglichkeiten, Perspektiven und Problemen des Ländlichen Finanzwesens erörtert. Es geht darum, zu beschreiben, zu systematisieren und zu analysieren, wie die Leistungen der finanziellen Infrastruktur verbessert und die Träger gestärkt werden können und wie das Spektrum der Träger und ihrer Leistungen erweitert werden kann.

Das vorliegende Kapitel zeichnet in groben Zügen ein positives Bild eines erstrebenswerten Ländlichen Finanzwesens. Es ist das Leitbild, von dem die deutsche Technische Zusammenarbeit ausgeht. Es ist kein Bild des Ist-Zustands, und es soll keine Utopie sein. Es muß also realisierbar sein, und deshalb sind alle Einschränkungen, denen die Zielgruppen, die Finanzinstitutionen und die Politiker unterworfen sind, in Betracht zu ziehen: Das Aktionsfeld des ländlichen Finanzwesens ist schwierig und riskant und durch Knappheit und Konflikt geprägt.

3.2.   Rahmenbedingungen

3.2.1   Die Bedeutung von Rahmenbedingungen

Als Rahmenbedingungen bezeichnet man allgemein die Umstände, die den Spielraum der Handlungsmöglichkeiten begrenzen, die also nicht veränderbar sind. Was Rahmenbedingung und was veränderbar ist, ist relativ: Für den einzelnen Bauern oder Handwerker ist das Kreditangebot seiner Bank eine Rahmenbedingung, für die Bank ist es wählbar. Und die Bank unterliegt selbst Rahmenbedingungen, die ihr vom Staat, durch Regierung, Parlament oder Zentralbank, gesetzt sind. Auch für den Staat gibt es Rahmenbedingungen, zumindest nicht kurzfristig änderbare Sachverhalte.

Wir betrachten hier vor allem politische und wirtschaftliche Rahmenbedingungen aus der Sicht der einzelnen - formellen oder informellen -
Finanzinstitution, soweit sie vom Staat gestaltet und gestaltbar oder mindestens beeinflußbar sind. Zusätzlich wird auf die Rahmenbedingungen
sozio-kultureller Art hingewiesen.

Die allgemeinen politischen und wirtschaftlichen Rahmenbedingungen
haben einen entscheidenden direkten Einfluß auf die ländlichen Finanzmärkte. Sie bestimmen den Handlungsspielraum von formellen und informellen Finanzinstitutionen und häufig auch die möglichen Ergebnisse
ihrer Handlungen. Restriktive Rahmenbedingungen für Finanzinstitutionen sind in vielen Entwicklungsländern ein schwerwiegendes Entwick-
lungshindernis.

Geht man nicht von den Finanzinstitutionen, sondern von den Finanzdispositionen der ländlichen Haushalte und Betriebe aus, wird erkennbar,
daß nicht allein die Rahmenbedingungen für Finanzinstitutionen behin-
dernd wirken. Ebenso wichtig und in vielen Ländern ebenso restriktiv
sind die Rahmenbedingungen, die die Wirtschaftstätigkeit und die Ertragslage der ländlichen Wirtschaftseinheiten prägen. Da sie mittelbar
auch Einfluß auf die Spar- und Kreditfähigkeit ausüben, beeinflussen
sie indirekt auch die ländlichen Finanzmärkte.

Die Bedeutung von Rahmenbedingungen kann nicht hoch genug einge-
schätzt werden. Der Verbesserung der Kleinbetriebsfinanzierung und der
Kommunalfinanzierung durch die Entwicklung der ländlichen finanziellen Infrastruktur sind durch diese die Finanzmärkte direkt und indirekt
betreffenden Rahmenbedingungen in vielen Fällen sehr enge Grenzen
gesetzt.

3.2.2 Ordnungspolitische Rahmenbedingungen

Allgemeine ordnungspolitische Rahmenbedingungen sind das einge-
räumte Ausmaß an Gewerbefreiheit, Vereinigungsfreiheit und Nieder-
lassungsfreiheit sowie das Rechts- und Steuersystem, die Wettbewerbs-
ordnung und die Geld- und Währungsverfassung eines Landes.

Der ordnungspolitisch vorgegebene und gegebenenfalls auch abgesicherte
Freiraum für privates Handeln ist wichtig für die Entwicklung der finanziellen Infrastruktur auf dem Lande: Können Banken ländliche
Zweigstellen errichten? Können sich neue ländliche Banken und Sparkassen, Genossenschaften und finanzwirtschaftliche Selbsthilfegruppen
frei von negativen staatlichen Interventionen entwickeln? Ist es zulässig
und möglich, die Verträge abzuschließen, die im Interesse aller Beteiligten liegen, und z.b. Grund und Boden oder Mobilien rechtswirksam zu
verpfänden, um Kredite abzusichern, die sonst - vielleicht - nicht gegeben würden? Das Rechtssystem beeinflußt, welche Verträge abgeschlos-
sen werden können und wie hoch die Transaktionskosten dabei sind.
Aber traditionelle Normen beeinflussen und beschränken häufig in star-
kem Maße die Anwendungsbedingungen der modernen Rechtsregeln. So
können z.b. die Möglichkeiten der Kreditsicherung davon abhängen,
welche Vollstreckungsmöglichkeiten nach traditionellen Normen akzepta-
bel sind.

Das Steuersystem ist u.a. maßgeblich für das Ausmaß, in dem der Staat
sich der Einlagen des Bankensystems bedienen muß, um seine Ausgaben
zu finanzieren. Die Geld- und Währungsverfassung regelt u.a., wieviel
Autonomie das Bankensystem gegenüber der Regierung genießt.

Eine traditionelle Auffassung besagt, daß der Staat nur die Aufgabe
habe, der Wirtschaft und damit auch dem Finanzsektor einen Freiraum

zu schaffen und zu gewährleisten und ein Mindestmaß an Rechtssicherheit zu bieten. Hinter dieser - heute wieder vermehrt vertretenen - ultraliberalen Auffassung steht der Glaube, daß eine gänzlich ungeregelte Wirtschaft automatisch zu allgemeinem Wohlstand und zu Stabilität führe. Dieser Glaube ist aber nicht gerechtfertigt, und auch kein Industrie- und kein Entwicklungsland verfolgt eine so strikt liberale Bankpolitik. Überall herrscht vielmehr die Auffassung vor, daß gerade das Banksystem besonders strenger Regulierung bedürfe: In fast allen Ländern gibt es spezielle Vorschriften und spezielle Aufsichtsorgane, die die Kreditversorgung und die Stabilität des Banksystems gewährleisten und Einleger vor Bankkrisen schützen sollen. Viele solcher Vorschriften erreichen das gewünschte Ziel aber nicht. Vielmehr behindern sie die Privatinitiative und den Wettbewerb. Sie schützen zwar die bereits bestehenden Banken, aber sie schaden den Bankkunden, denen entweder der Bankzugang faktisch verwehrt bleibt oder die qualitativ und quantitativ ungenügende Bankleistungen - zudem zu teuer - bezahlen müssen.

Weder eine totale Liberalisierung noch eine vollständige Steuerung der finanziellen Infrastruktur durch die Zentralregierung sind bankpolitisch und entwicklungspolitisch ernst zu nehmende Alternativen. In den meisten Entwicklungsländern ist aber eine beträchtliche Liberalisierung des Finanzsystems nötig und erfolgversprechend: Mehr Wettbewerb und mehr Flexibilität sind möglich, ohne daß die Stabilität darunter zu leiden hätte.

Ein für die Erreichung der ländlichen Bevölkerung sehr wichtiger Teil der ordnungspolitischen Rahmenbedingungen ist der Spielraum, der informellen Gruppen und informellen Finanzinstitutionen durch die Rechtsordnung und die praktisch verfolgte Politik gewährt wird. Die Informalität schützt zwar einerseits vor unerwünschter Intervention, sie behindert aber andererseits auch die Teilnahme am Geschäftsverkehr. Sie macht es einer Gruppe schwer, Rechtsansprüche zu erwerben, zu klagen und verklagt zu werden. Sie beeinträchtigt insbesondere den Zugang zu staatlichen Förderungsprogrammen. Die Politik einiger Länder läuft darauf hinaus, informelle Gruppen als rechtlich nicht existent zu behandeln und gezielt zu diskriminieren. Damit kann ein Angebot zur Formalisierung verbunden sein; beispielsweise können sich in einigen Ländern Selbsthilfegruppen zu Vorgenossenschaften umwandeln. Andere Länder dulden solche Gruppierungen eher; Kamerun ist hierfür ein Beispiel: die "tontines" sind nicht anerkannt, aber geduldet und sogar förderbar. Noch andere Länder sind sogar bereit, traditionellen Gruppen einen eingeschränkten eigenen Rechtsstatus zu geben; dies trifft etwa für "comunidades indígenas" in Ekuador zu.

3.2.3 Strukturpolitische Rahmenbedingungen

Zur Strukturpolitik gehören viele Einzelbereiche wie die Verkehrspolitik, die Regionalpolitik u.v.a. Ein besonders wichtiger Bereich ist die Preispolitik. In den meisten Entwicklungsländern wurde in den vergangenen Jahren einseitig und auf Kosten der ländlichen Räume die Entwicklung der städtischen Gebiete und der Industrialisierung gefördert. Der zum Teil geringe Erfolg dieser Politik und ihre verheerenden Nebenwirkungen wie insbesondere die Landflucht sind bekannt. Man darf sich keinen Illusionen hingeben: Die Entwicklung der ländlichen finanziellen Infrastruktur im Dienst einer Ländlichen Entwicklung kann keine durchschlagenden positiven Effekte haben, wenn insbesondere durch die negative, die Bauern benachteiligende Agrarpreispolitik systematisch Ressourcen aus den ländlichen Räumen abgezogen und in die Städte transferiert werden. Isoliert betrachtet könnten liberalisierte - und das heißt de facto: höhere - Agrarpreise im Verbund mit neuen Produktionstechniken und verfügbaren Produktionsmitteln vermutlich wirksamere Anreize zur

Investition, zur Kreditaufnahme und zur Ersparnisbildung auf dem Lande schaffen als Reformen der ländlichen Finanzinstitutionen.

Auch die staatliche Zinspolitik gehört zur Strukturpolitik, weil die sehr verbreiteten Zinsobergrenzen dazu führen, daß ländliche Räume nicht ausreichend mit Kredit versorgt werden: Die Anreize zur Ersparnis werden geschwächt, die Anreize zur Mobilisierung von Ersparnissen sinken, die Bereitschaft zur Vergabe risikobehafteter Kredite sinkt, und wo doch finanzielle Ersparnisse gebildet und gesammelt werden, fließt das Kapital in die Städte, ohne daß den Kapitalgebern eine eher marktorientierte Verzinsung als Ausgleich geboten wird.

Je nach der Ausgestaltung der strukturpolitischen Rahmenbedingungen muß eine Förderung des Ländlichen Finanzwesens anders aussehen: Bei einer durch die Rahmenbedingungen insgesamt verzerrten Struktur der Preise und Zinsen ist im Interesse der Menschen in den ländlichen Räumen Vorsicht geboten gegenüber einer Politik, die massiv auf eine Integration von ländlichen und städtischen - bzw. von formellen und informellen - Finanzmärkten hinausläuft: Wenn die Zinsen nicht den Knappheitspreis für Kapital anzeigen, kann es für den ländlichen Raum - und entsprechend für informelle Gruppen - günstiger sein, das dort gebildete Kapital zu behalten und selbst zu verwenden. Nur bei unverzerrten Preisen und Zinsen können und werden bei gegebenen Investitionsmöglichkeiten auch Ressourcen von der Stadt aufs Land fließen, bzw. ein Abfluß der Ressourcen wird durch den Zufluß von Zinsen als Einkommen ausreichend kompensiert.

3.2.4 Sozio-kulturelle Rahmenbedingungen

Unter sozio-kulturellen Rahmenbedingungen versteht man die in ländlichen Räumen herrschenden Strukturen, Normen, Abhängigkeits- und Autoritätsverhältnisse, Einflüsse von Eliten, religiösen Gruppen, bereits bestehenden Selbsthilfegruppen und traditionellen Führern, die Geschlechtsrollenverteilung etc. Die sozio-kulturellen Rahmenbedingungen sind nicht leicht durch staatliche Maßnahmen veränderbar, aber es ist wichtig, bei der Förderung des Ländlichen Finanzwesens zu beachten, daß es die traditionellen Strukturen gibt. Der Erfolg von Maßnahmen, die nicht mit den bestehenden sozio-kulturellen Strukturen vereinbar sind, ist zweifelhaft.

Die Einbindung traditioneller Autoritäten kann die Realisierung eines Projekts oder Programms fördern; ob sie zugleich den Interessen der breiten Bevölkerung dient, hängt von der Stellung und der Rolle der traditionellen Autoritäten ab. Die Einschaltung von Dorfältesten in den Prozeß der Kreditvergabe kann beispielsweise vor allem dazu beitragen, die Auswahl von Kreditnehmern zu verbessern und die Kreditrisiken zu vermindern. Sie kann aber auch dazu führen, daß jede Maßnahme, die die traditionelle Struktur gefährdet, unterbunden wird. Der Dorfälteste kann seine Position dazu benutzen, die Kredite in seinen eigenen Verfügungsbereich umzulenken. Wesentlich ist auch, ob es gewohnheitsrechtlich sanktionierte Ansatzpunkte für die Sicherung von Kreditrückzahlung und die Vollstreckung gewohnheitsrechtlich abgesicherter Ansprüche gibt, die die kreditgebenden Finanzinstitutionen besser nutzen könnten.

3.3 Mögliche finanzwirtschaftliche Aktivitäten

3.3.1 Finanzdispositionen und Bankgeschäfte

Aus der Sicht ländlicher Haushalte und Betriebe, die keine Finanzinstitutionen sind, dienen Finanzdispositionen dazu, ungleichmäßiges und unsicheres Einkommen durch Sparen und Versichern den geplanten und gewünschten Strukturen der Verwendung anzupassen bzw. durch die Finanzierung von Investitionen Einkommensmöglichkeiten zu schaffen.

Sparen bedeutet, einen möglichen gegenwärtigen Verbrauch von Ressourcen zurückzustellen, um dafür in der Zukunft mehr verbrauchen zu können. Teils verbunden mit dem Sparen, teils unabhängig davon ist das Versichern gegen Risiken aller Art eine wichtige Finanzdisposition. Konsumkredite dienen ebenfalls der Anpassung von Einkommen an die Wünsche und Notwendigkeiten, Ausgaben vorzunehmen. Betriebs- und Investititionskredite haben hingegen die Funktion, zusätzliches Einkommen zu schaffen.

Aus der Sicht einer Finanzinstitution des formellen oder des informellen Sektors stellen sich die Finanzdispositionen der Nicht-Banken als Nachfrage nach Marktleistungen oder "Geschäften" dar. Eine übliche bankwirtschaftliche Einteilung, die den anschließenden Ausführungen zugrunde liegt, unterteilt die Tätigkeit von Finanzinstitutionen in
- das Aktivgeschäft bzw. das Angebot von Finanzierungsleistungen,
- das Passivgeschäft bzw. das Angebot von Anlageleistungen und
- das neutrale bzw. Dienstleistungsgeschäft.

Hinzu kommen in manchen Fällen, wie besonders bei Genossenschaften, sogenannte komplementäre Leistungen in den Bereichen Beschaffung und Vermarktung.

Nach herkömmlicher bankwirtschaftlicher Betrachtung steht das Aktivgeschäft, die Kreditgewährung, im Vordergrund. Statt von Passivgeschäft ist in dieser Sichtweise eher von Mittelmobilisierung die Rede: Die Einlagen sind der "Rohstoff", aus dem Kredite "hergestellt" werden. Entwicklungspolitisch ist die einseitige Hervorhebung des Aktivgeschäfts unpassend, da auf Seiten der "Kunden" der Anlagebedarf in vielen Fällen den Kreditbedarf überwiegt oder Kredit- und Anlagebedarf sich in etwa ausgleichen.

Finanzinstitutionen erbringen häufig mehr als eine Art von finanziellen Leistungen. Das hat zum einen den Grund, daß mehrere Leistungen nachgefragt bzw. gebraucht werden. Aber unabhängig vom Bedarf der Kunden hat eine Bank ein geschäftspolitisches Interesse an der Koppelung von Leistungen: Es gibt Verbundeffekte, die das Risiko und die Kosten einer Finanzinstitution reduzieren, weil sie die Kunden stärker in das Risiko einbinden.

Aus Kosten- und Risikogründen können Finanzinstitutionen in der Praxis nur qualitativ, quantitativ und regional beschränkte Leistungen erbringen. Der typische ausgeprägte Gebrauch von Kreditsicherheiten ist meist zugleich ein Mittel zur Senkung der Kreditrisiken und zur Beschränkung des Kundenkreises. Jede Politik, die auf eine umfassendere und bessere Versorgung mit finanzwirtschaftlichen Leistungen abzielt, muß das Problem der Kosten und Risiken beachten. Alles andere wäre Wunschdenken.

3.3.2 Das Aktiv- oder Kreditgeschäft

3.3.2.1 Anforderungen an das Kreditgeschäft

Das Aktiv- oder Kreditgeschäft jeder zielgruppenorientierten Finanzinstitution, sei sie eine formelle Bank, eine Selbsthilfegruppe oder auch
ein spezielles Förderungsprogramm, muß drei Gruppen von Anforderungen gerecht zu werden versuchen:

- Die Kredite sollen der Art und möglichst dem Volumen und den Konditionen nach dem Bedarf der Kreditnehmer entsprechen; anderenfalls
  schaden sie mehr als sie nützen, oder sie werden von den potentiellen
  Kunden nicht angenommen.

- Die Kreditvergabe soll für die Kreditgeberseite einen Mindestgewinn -
  der je nach Art der Institution unterschiedlich sein kann - erwarten
  lassen, um zur Deckung der laufenden Betriebskosten beizutragen und
  so eine dauerhafte Existenz des Kreditangebots zu sichern.

- Die Kreditvergabe sollte - jedenfalls soweit sie unmittelbar oder mittelbar gefördert wird - entwicklungspolitisch erwünschte Effekte für
  die Zielgruppen, für den ländlichen Raum und für die Gesamtwirt-
  schaft erwarten lassen.

Um diese zum Teil konträren Anforderungen zu erfüllen, sind bei der
Gestaltung und Durchführung eines Kreditprogramms, insbesondere so-
weit es sich nicht an ohnehin bankfähige Kreditnehmer richtet, vier
Aufgaben zu lösen:

- Das Zugangsproblem: Wie kommt eine Finanzinstitution an die Zielgruppen heran, und wie kann sie deren Kreditnachfrage aktivieren,

bzw. umgekehrt betrachtet: Wie kommen die Zielgruppen an Kredite heran?

- Das Verwendungsproblem: Wie kann man eine einzelwirtschaftlich rentable und gesamtwirtschaftliche sinnvolle Mittelverwendung erreichen?

- Das Rückzahlungsproblem: Wie kann die Rückzahlung und damit das Revolvieren des Kreditfonds gewährleistet werden?

- Das Kostenproblem: Wie kann eine Finanzinstitution ihre Kosten und Risiken so weit beschränken, daß sie ihre Existenz nicht gefährdet?

3.3.2.2 Das Zugangsproblem

Hier handelt es sich in vielen Fällen, besonders bei vielen Finanzinstitutionen des formellen Sektors, um ein selbstgeschaffenes Problem der Finanzinstitution. Es gibt Institutionen, die allein durch ihr Erscheinungsbild, durch das Verhalten des Personals, durch die Wahl und Ausgestaltung der Bankstellen und durch vorgegebene Mindestbeträge für Kredite Zugangsbarrieren schaffen. Sehr komplizierte Verfahren der Kreditbeantragung und formelle Voraussetzungen der Bankfähigkeit, wie die Registrierung des kreditnachfragenden Betriebes oder uneingeschränkte Besitztitel, wirken in vielen Teilen der Welt ebenfalls als Beschränkungen des Bankzugangs. Solche Restriktionen sind in der Regel beabsichtigt. Sie könnten zwar abgebaut werden, aber häufig entspricht dies nicht dem Interesse derer, die die Bankpolitik bestimmen.

Gute zielgruppennahe Banken, Genossenschaften und insbesondere informelle Finanzinstitutionen weisen diesen Typus von Zugangsbarrieren nicht auf. Ihre Vertrautheit mit den Zielgruppen der Kleinbauern, Pächter, ländlichen Handwerker und sogar der Landlosen, mit deren Lebensbedingungen und Problemen erlaubt es ihnen, offen für diese Zielgruppen zu sein und sogar deren Kreditnachfrage zu aktivieren. Es gibt Beispiele von Kreditprogrammen bzw. Finanzinstitutionen, die ganz konkret zu den Zielgruppen hingehen, statt in konventioneller Art darauf zu warten, daß diese über die Schwelle der Bank treten. Das bekannteste dieser Beispiele ist die Grameen-Bank in Bangladesh. Eine Geschäftsbank in Ekuador, der Banco del Pacífico, zeigt, daß eine solche aktive Politik auch mit vertretbaren Kosten durchführbar ist. Zugangsprobleme zu den Zielgruppen - bzw. deren Zugang zu Kredit - sind also zu einem beträchtlichen Teil abhängig vom Typus und von der Politik der Finanzinstitution. Aber auch für zielgruppenorientierte Finanzinstitutionen bereitet der Zugang zu den Zielgruppen praktische Probleme, für die situationsspezifische Lösungen zu finden sind. Die wirtschaftlichen und rechtlichen Rahmenbedingungen bestimmen häufig, welche Lösungen in Betracht kommen: Ist es zulässig, Kredite an informelle Gruppen zu geben oder sie von solchen Gruppen absichern zu lassen? Ist es erlaubt, so hohe Zinsen zu verlangen, daß auch kleine Kredite, ungesicherte Kredite und Kredite in abgelegene Gegenden für die Finanzinstitution wirtschaftlich tragbar sind? Wie lassen sich Sprachbarrieren und das verbreitete Problem, daß potentielle Kreditnehmer Analphabeten sind, überwinden?

Zugangsprobleme nicht nur für die ärmeren Teile der Bevölkerung ergeben sich auch häufig aus einer nicht bedarfsgerechten Produktgestaltung. Wenn die angebotenen Kreditformen hinsichtlich Laufzeit, Tilgungsmodalitäten, Auszahlungsform, geforderten Sicherheiten und angebotenen Nebenleistungen wie insbesondere Beratung nicht bedarfsgerecht sind, werden potentielle Kreditnehmer auf Kreditanträge verzichten, bzw. Finanzinstitutionen werden diese als zu riskant ablehnen. Dieser Typus von

Zugangsbarrieren ist schwieriger zu vermeiden, denn es ist keineswegs einfach zu erkennen, was bedarfsgerechte Kredite sind. So ist es eine offene - und natürlich nur im Einzelfall beantwortbare - Frage, ob der wichtigste Finanzierungsengpaß im ländlichen Bereich eher bei langfristigen Investitionskrediten oder bei kurzfristigen Betriebsmittel- und Erntekrediten liegt und ob ländliche Betriebe eher nur Kredite oder Leistungsbündel von - zum Beispiel - Krediten, technischer Beratung, Organisations- und Vermarktungshilfe brauchen. Jede Finanzinstitution sollte jedoch alle Möglichkeiten nutzen, den wirklichen Bedarf bzw. die latente Nachfrage systematisch, evtl. auch mit Pilotprojekten, zu ermitteln.

Selbst wenn der Bedarf bekannt ist, ist nicht jede Finanzinstitution dazu fähig, die hinsichtlich Laufzeit und Betreuungsaufwand gewünschten Kredite bereitzustellen: Oft fehlen einfach die nötigen finanziellen und personellen Ressourcen und das erforderliche Know-how.

Vergleichsweise hohe Zinsen stellen keine wesentliche Zugangsbeschränkung dar. Die Kreditnachfrage ist - nach Befunden aus vielen Ländern - wenig zinselastisch. Dies würde es nahelegen, auch beratungs- und kontrollintensive und auch in Maßen riskante und deshalb vergleichsweise teure Kredite zu vergeben. Höhere Zinsen könnten es auch erlauben, die Anforderungen an Kreditsicherheiten abzumildern, die für viele Kleinbetriebe die entscheidende Zugangshürde sind. Entgegen verbreiteter Auffassung würde eine Politik erhöhter Zinsen den Kreditzugang ärmerer Bevölkerungsteile sogar verbessern: Wenn eine zielgruppenorientierte Finanzinstitution höhere Zinsen verlangt als die konventionellen Banken, werden die reicheren Kreditnehmer, die auch von diesen Banken versorgt werden, nicht als Kreditnachfrager auftreten. Dadurch bleiben für die ärmeren Zielgruppen mehr ausleihbare Mittel übrig. In den von der

GTZ geförderten Sparkassen in Peru wird eine solche Zinspolitik verfolgt.

3.3.2.3 Das Verwendungsproblem

Dieses Problem ergibt sich daraus, daß Kreditnehmer nicht immer die als entwicklungspolitisch sinnvoll geltenden Mittelverwendungen wählen, durch die z.b. Arbeitsplätze geschaffen, die Produktion angeregt oder die lokale Güterversorgung - zumal die für die Zielgruppe relevante - verbessert würden. Es ist zwar generell schwierig zu sagen, welche Mittelverwendung als gesamtwirtschaftlich günstig anzusehen ist. Auch die schematische Unterscheidung in "unproduktiven" Konsum und "produktive" Investitionen ist bei Kleinbetrieben oft nicht aussagefähig. Aber insbesondere durch staatliche Eingriffe sind die Preisstrukturen in vielen Entwicklungsländern so stark verzerrt, daß doch das Urteil, daß individuell rationale von gesellschaftlich optimalen Entscheidungen abweichen, in vielen Fällen vertretbar ist.

Die andere Facette des Verwendungsproblems ist, daß Kredite auch nicht immer im wohlverstandenen Eigeninteresse der Kreditnehmer verwendet werden, z.B. weil diese schlecht informiert sind. Dem Kreditgeber ist an Verwendungen gelegen, die die Fähigkeit des Kreditnehmers zur Rückzahlung steigern oder zumindest nicht reduzieren. Es besteht deshalb vielfach bei den Kreditgebern oder bei wirtschaftspolitischen Stellen das Interesse, auf eine gute und sinnvolle Kreditverwendung hinzuwirken. Dies ist jedoch methodisch schwierig. Verwendungsauflagen, Zinsverbilligungen für bestimmte Vorhaben, die Vergabe von Naturalkrediten und viele andere Methoden der Verwendungssteuerung sind versucht worden und haben in vielen Fällen die gewünschte Wirkung nicht erreichen können.

Es ist in vielen Fällen nicht überprüfbar, ob Verwendungsauflagen ein-
gehalten werden; und selbst wenn ein Kreditnehmer das Projekt durchführt, für das er den Kredit beantragt hat, sagt das noch nicht, was
wirklich mit dem Kredit finanziert wurde: Möglicherweise hätte er dieses Projekt ohnehin unternommen, und die über den Kredit zugeflosse-
nen Mittel wurden verbraucht oder verwendet, um eine entwicklungspolitisch unerwünschte Investition durchzuführen, die ohne den Kredit
nicht realisiert worden wäre. Verwendungsauflagen in Verbindung mit
Zinssubventionen sind zudem unsozial, weil eher die reichen Kreditnehmer den Typus von Vorhaben vorweisen könne, für den es den günstigen Kredit gibt. Die Fungibilität von Geld macht Verwendungsauflagen
in der Regel ohnehin wirkungslos. Nur in Sonderfällen läßt sich sicherstellen, daß die "marginale" - d.h. die ohne den Kredit unterbleibende -
Mittelverwendung auch diejenige ist, die durch die Verwendungsauflage
herbeigeführt werden sollte.

Spezielle Programmkredite, z.B. für bestimmte Kulturen sind ebenfalls
problematisch, weil sie dazu führen, daß bei der produkt- bzw. flächenspezifischen Kreditvergabe nicht genug auf die Kreditfähigkeit des
gesamten Betriebes oder des Betriebsinhabers geachtet wird. Die Rück-
zahlungsraten bei Programmkrediten sind entsprechend niedrig.

Naturalkredite können ein Mittel der Verwendungssteuerung sein, insbesondere wenn auch die Rückzahlung in Naturalien erfolgen muß oder
die Rückzahlung zusammen mit der Vermarktung der Ernte erfolgt. Das
Problem mit Naturalkrediten ist aber, daß diese Kredite schlechter als
Kredite in bar auf die individuelle Situation des Kreditnehmers und seines Betriebes abgestellt werden können. Sie sind zu wenig flexibel und
daher oft nicht bedarfsgerecht.

Eine sinnvolle und aussichtsreiche Verwendungssteuerung setzt voraus, daß der gesamte Betrieb (Ertragskraft) und der Haushalt (Versorgungsbedarf/Rückzahlungsfähigkeit) des Kreditnehmers betrachtet und betreut werden. Durch technische und betriebswirtschaftliche Beratung und durch die Bereitstellung der komplementären Betriebsmittel wie z.B. Düngemittel für die Landwirtschaft - bzw. durch die Vorsorge, daß diese Faktoren von anderen Stellen bereitgestellt werden - kann eine Finanzinstitution erreichen, daß eine ertragssteigernde Mittelverwendung geplant und dieser Plan durchgeführt wird. Das setzt freilich voraus, daß der Plan realistisch und zweckmäßig ist; solche Pläne mit Kreditnehmern zu erarbeiten, ist für die Finanzinstitution schwierig und teuer. Wo eine so umfassende Förderung aus Kosten- oder Kapazitätsgründen nicht möglich ist, ist es zu empfehlen, bei der Kreditvergabe mehr auf die Person des Kreditnehmers als auf sein Projekt zu achten. Ein kluger und ehrlicher und fachlich versierter Kreditnehmer wird aus eigenem Interesse darauf achten, daß seine Mittelverwendung mindestens einzelwirtschaftlich sinnvoll ist.

3.3.2.4 Das Rückzahlungsproblem

Dieses Problem ist im Interesse der Lebensfähigkeit des Kreditprogramms bzw. der Finanzinstitution, gegebenenfalls aber auch im Interesse ihrer Einleger und der späteren Kreditnehmer zu lösen. Auch um eine Fehlleitung knapper Mittel zu vermeiden und um Kreditnehmer vor unbedachten Entscheidungen zu bewahren, ist konsequent auf Rückzahlungsdisziplin zu achten.

Die erste und wichtigste Determinante der Kreditrückzahlung ist eine gute Kreditvergabepolitik; sie umfaßt die Auswahl vertrauenswürdiger Kreditnehmer, eine an deren gesamtbetrieblicher Situation ausgerichtete bedarfsgerechte Gestaltung von Kreditvolumen und -konditionen und deren Unterstützung bei der beiden Seiten sinnvoll erscheinenden Mittelverwendung.

Eine Finanzinstitution muß auch von vornherein erkennbar machen, daß sie auf Rückzahlung besteht; sie muß säumige Schuldner mahnen und gegebenenfalls massive Eintreibungsmaßnahmen ergreifen. Umschuldungen, Prolongationen und dergleichen kommen nur in Frage, wenn die Unfähigkeit zur Rückzahlung weder unmittelbar noch mittelbar vom Kreditnehmer zu vertreten ist.

Jede externe Finanzierung trifft nicht nur auf gegebene Risiken, sondern sie schafft auch Risiken: Sie verändert die Anreize, die das Verhalten des Kreditnehmers steuern. Eine Risikoerhöhung infolge der Gewährung eines Kredits ergibt sich, wenn ein Kreditnehmer hoffen kann, eventuelle Risiken auf den Kreditgeber abwälzen zu können, und sich deshalb auf sonst unvertretbar riskante Vorhaben einläßt. Dieses Problem des "moral hazard" belastet viele Kreditprogramme. Bestandsfeste verwertbare Sicherheiten beschränken nicht nur das Risiko, dem die kreditgebende Institution ohnehin ausgesetzt ist, sie machen auch das Problem des "moral hazard" gegenstandslos. Dies ist ein Grund, warum dingliche Kreditsicherheiten so wichtig und verbreitet sind.

Die Forderung konventioneller dinglicher Kreditsicherheiten wie Pfänder, Grundschulden und Sicherungsübereignungen hat aber im allgemeinen zugleich eine unerwünschte sozial diskriminierende Wirkung. Sie benachteiligt die ärmeren Bevölkerungsteile, die solche Sicherheiten nicht bieten können. Nur in Ausnahmefällen, wie z.B. Goldschmuck in Teilen Perus und Sri Lankas, sind leicht bewertbare und leicht handhabbare Kreditsicherheiten auch bei ärmeren Bankkunden anzutreffen. Die Forderung solcher Sicherheiten wirkt dann nicht sozial diskriminierend. Finanzinstitutionen, die nicht weite Kreise der ländlichen Bevölkerung vom Kredit ausschließen wollen, müssen im allgemeinen bereit sein, "Ersatzsicherheiten" zu akzeptieren. Das sind in erster Linie personale Sicherheiten wie Bürgschaften durch Einzelpersonen oder Haftungsgruppen. Auf Gruppenhaftung und Gruppenkredite ist unten ausführlicher einzugehen. Im weiteren Sinne sollte man aber die Ertragskraft der finanzierten Projekte, aus der die Rückzahlungesfähigkeit erwächst, als die beste Kreditsicherheit ansehen.

In sehr traditionellen Gesellschaften kann die Kreditvergabe in feste soziale Strukturen und Gewohnheitsrechte eingebunden werden, wenn diese Strukturen die Kreditrückzahlung positiv bewerten und wenn das Gewohnheitsrecht die Absicherung erlaubt. So hat es sich in einigen Fällen als vorteilhaft erwiesen, Kreditverhandlungen öffentlich auf dem Dorfplatz zu führen. Der einzelne Kreditnehmer kann dann weniger phantasievolle Angaben über seine Situation machen, er wird von den anderen an seine Pflichten erinnert und gegebenenfalls auch gedrängt, die Ehre des Dorfes nicht zu gefährden. Ähnlich kann es wirken, wenn Honoratioren wie Dorfälteste oder Pfarrer in den Prozeß der Kreditvergabe einbezogen werden. Ihre Befürwortung eines Kredits schafft auch für sie selbst eine gewisse moralische Bindung, auch auf die Rückzahlung zu achten. Eine Beteiligung der Zielgruppe selbst an der Kreditvergabe ist immer dann ein Weg, eine positive Einstellung der Zielgruppe zu dem Kreditgeber herzustellen und die Rückzahlungswilligkeit zu stärken, wenn dadurch Transparenz geschaffen und eine realistische Vergabepolitik unterstützt werden kann.

Auch das Interesse an der Erhaltung einer kontinuierlichen Wirtschafts- oder Finanzbeziehung kann von der Funktion her Kreditsicherheiten ersetzen, da es starke Anreize für den Kreditnehmer schafft, seine Zahlungsverpflichtungen zu erfüllen. Informelle Finanzinstitutionen, Händler und Geldverleiher sind eher als formelle Finanzinstitutionen in der Lage, sich durch vielfältige Vorkehrungen vor Kreditausfällen zu schützen: Sie können wegen der Nähe zu den Kreditnehmern intensiv kontrollieren, sie können die sozialen Abhängigkeiten instrumentalisieren, und sie können bei Kreditstörungen eher flexibel reagieren. Der Handlungsspielraum formeller Institutionen ist zwar enger, aber sie können einige Erfahrungen der informellen Kreditgeber nutzen und eine "liberale" Besicherungspolitik versuchen.

3.3.2.5 Das Kostenproblem

Hier sollten aber nicht nur Wünsche aufgeführt werden, die eine Finanzinstitution erfüllen soll. Verbesserungsansätze berühren auch die Kostenseite einer Finanzinstitution. Das Kostenproblem einer Kreditvergabe an Zielgruppen, die kleine Kredite nachfragen, viel an Beratung und Betreuung brauchen und oft keine konventionellen Sicherheiten bieten können, ist gravierend. Verwaltungskosten und Ausfallrisiken sind in der Regel hoch und müssen begrenzt bzw. getragen werden. Zielgruppenorientierte Finanzinstitutionen kommen nicht mit den banküblichen Margen aus. Auch bei konsequenter Kosten- und Risikobegrenzung sind Zinsmargen von 10 bis 20% für Kleinkreditprogramme nicht selten zu knapp. Es liegt im Interesse der Zielgruppen solcher Programme, daß sie eher die hohen Kosten der Programme tragen, statt auf Kredite verzichten oder sich an Geldverleiher wenden zu müssen. Leider verhindern traditionelle Vorurteile und Zinsobergrenzen oft, daß es solche zielgruppenorientierte Kreditprogramme gibt. Die meisten Finanzinstitutionen haben jedoch die Möglichkeit, durch die Berechnung von nicht kreditbetragsabhängigen Gebühren die effektiven Zinsen für kleine Kredite deren höheren effektiven Kosten anzupassen.

Möglichkeiten der Kostenbegrenzung bieten die Standardisierung von Krediten in "packages", die Einschaltung von Zwischenträgern zwischen Finanzinstitution und Kreditnehmern, die Vergabe von Gruppenkrediten, der Einsatz von billigem lokalem Personal ("bank workers") und die Beschränkung auf einfache Finanztechnologien.

Mitunter besteht für eine Finanzinstitution auch die Möglichkeit, die Abdeckung von Risiken und Kosten des Kleinkreditgeschäfts vorübergehend durch eine Mischkalkulation zu gewährleisten, d.h. Verluste durch Gewinne bei anderen Bankleistungen oder bei Leistungen für andere Kundengruppen auszugleichen. Die Möglichkeiten zur Mischkalkulation sind jedoch nicht immer gegeben, und eine solche Politik enthält die Gefahr, daß das rentablere Geschäft die zielgruppenorientierte Kreditvergabe über kurz oder lang in den Hintergrund drängt.

3.3.3 Das Passiv- oder Einlagengeschäft

3.3.3.1 Die Bedeutung des Einlagengeschäfts

Aus der Sicht des einzelnen ländlichen Haushalts oder Betriebes ist die Möglichkeit, Geld bei Finanzinstitutionen diebstahlsicher und ertragbringend anzulegen, um so wichtiger, je weniger sicher und ertragreich die anderen Möglichkeiten der Bildung und Anlage von Vermögen sind. Aus der Sicht einer (ländlichen) Finanzinstitution ist das Passivgeschäft eine wichtige Marktleistung, und zugleich ist die Mobilisierung ausleihbaren Kapitals entweder Voraussetzung der Kreditgewährung oder zumindest eine Möglichkeit, die Abhängigkeit von anderen Refinanzierungsquellen wie z.B. der Zentralbank, dem Budget eines Ministeriums oder ausländischen Gebern zu mindern. Aus gesamtwirtschaftlicher Sicht ist die

Mobilisierung von Ersparnissen ein Weg der Kapitalbildung und Voraussetzung einer effizienten Kapitalallokation.

Für Finanzinstitutionen ist es wertvoll, das Passivgeschäft mit dem Aktivgeschäft verknüpfen zu können. Durch Finanzsparen entwickelt ein Kunde Vertrautheit im Umgang mit der Finanzinstitution; umgekehrt lernt diese auch das Finanzgebaren des Kunden kennen und kann dieses Wissen bei der Kreditvergabe gebrauchen. Eine fest etablierte Bank-Kunden-Beziehung reduziert das Kreditrisiko und erweitert den Kreditspielraum. Die Erwartung, einen Kredit zu bekommen, ist zudem ein starker Anreiz zum Sparen, der auch bei real negativen Zinsen wirksam ist.

Viele Kreditinstitute verlangen von ihren Kreditnehmern, daß sie einen Teil des Kredits auf dem Konto stehen lassen, um so Informationen zu erhalten, eine gewisse Sicherung zu bekommen und die effektive Zinsbelastung erhöhen zu können. Bei staatlich festgesetzten Zinsobergrenzen ist diese Praxis nicht von vornherein angreifbar. Ein Nebeneinander von Kredit und Einlage kann sich auch einfach daraus ergeben, daß die Laufzeiten unterschiedlich sind. Ein Bestand auf einem Sparkonto ist eine nahezu ideale Sicherheit für einen kurzfristigen Kredit.

Nicht nur bezogen auf einzelne Kunden, sondern auch auf homogene untereinander bekannte Kundengruppen kann die Koppelung von Aktiv- und Passivgeschäft günstig sein. Die Einlagen einiger Kunden können, wie es bei genossenschaftlichen Finanzinstitutionen üblich ist, im formellen Sinne als Sicherung für Kredite anderer Kunden dienen. Aber selbst wo dies nicht der Fall ist, kann das Wissen, daß er die Einlagen seiner Nachbarn gefährden würde, für einen Kreditnehmer ein wirksamer Anreiz sein, seinen Kredit vorsichtig zu verwenden und ordnungsgemäß zu bedienen.

Die Bedeutung des Passiv- oder Einlagengeschäfts, die am Anteil der Spar-, Termin- und Sichteinlagen an der Bilanzsumme oder am Verhältnis von Einlagen der Nicht-Banken zu Krediten an Nicht-Banken gemessen werden kann, ist für die verschiedenen Typen von Finanzinstitutionen verschieden. Das Passivgeschäft dominiert bei "savings clubs" und Postsparkassen, bei den meisten "credit unions" und bei vielen Sparkassen. Viele andere genossenschaftliche Finanzinstitutionen sind mehr durch das Aktivgeschäft bestimmt. Insgesamt überwiegt bei den Geschäftsbanken das Aktivgeschäft, aber die ländlichen Filialen großer Banken sammeln in vielen Ländern weitaus mehr Einlagen, als sie an Krediten gewähren. Gewerbliche Entwicklungsbanken und Agrarkreditbanken haben selten ein ausgebautes Passivgeschäft. Häufig ist es ihnen sogar untersagt, Einlagen anzunehmen.

3.3.3.2 Die Probleme des Einlagengeschäfts

Das Einlagengeschäft verursacht zum einen Probleme hinsichtlich seiner konkreten Gestaltung und zum anderen hinsichtlich der Abstimmung mit dem Aktivgeschäft.

Die Aufgabe, Einlagen zu sammeln, ist administrativ nicht ganz einfach. Auch hier muß zunächst der Zugang zu den Kunden gefunden werden. Die Finanzinstitution muß sich kundenfreundlich präsentieren. Sie muß (auch kleinste) Einzahlungen und Abhebungen schnell und bequem ermöglichen. Dazu kann es sich als sinnvoll erweisen, z.B. "fahrende Zweigstellen" in Bussen einzusetzen, die nach einem festen Fahrplan die einzelnen Dörfer anfahren. Mit dem Spargeschäft ist oft auch eine Erziehungsaufgabe verbunden; der Sinn des Finanzsparens ist bewußt zu machen. Es gibt in einigen Ländern die Möglichkeit, durch Sparprogramme, die zu regelmäßigen Sparleistungen anhalten und die Regelmäßigkeit mit Preisen oder der Teilnahme an Verlosungen belohnen, oder durch Sparclubs, die das gemeinsame regelmäßige Sparen mit sozialen Funktionen verbinden, die Ersparnisbildung zu fördern. Daß eine positive Einstellung der Bevölkerung zum Finanzsparen geschaffen wurde, kann mitunter direkt sichtbar sein. So werden in der Projektregion eines GTZ-Vorhabens in West Pasaman/Indonesien die zum Ansparen verteilten Stahlspardosen an Markttagen aus Status- und Prestigegründen von Sparern an der Hand mitgeführt.

Insbesondere Finanzinstitutionen, die durch staatliche Zinsobergrenzen in ihrem Passivgeschäft behindert werden, sind darauf angewiesen, eine "aktive" Geschäftspolitik zu betreiben. Zinsbeschränkungen und sogar real negative Einlagenzinsen heben zwar nicht alle Sparanreize auf und machen das Finanzsparen auch nicht generell unvorteilhaft, aber sie erschweren doch das Passivgeschäft. Durch eine aktive Förderung des Spargedankens, durch eine Werbung, die auch vertrauenbildend wirkt, durch die Zusammenarbeit mit informellen Gruppen und Finanzinstitutionen und durch die Koppelung von Sparleistungen mit Ansprüchen auf spätere Kredite und durch die Verknüpfung von Sparprogrammen mit Verlosungen lassen sich trotz Zinsbeschränkungen Sparanreize für die Zielgruppen schaffen bzw. verstärken und nutzen.

Ein wichtiges administratives Problem des Einlagengeschäftes mit Kleinstbeträgen ist es auch, die Kontoführungs- bzw. Personalkosten zu begrenzen. Der Einsatz von Buchungsautomaten und EDV-Anlagen mit einfacher Software ist heute dafür sehr geeignet. Zudem kann er dem Einleger die Sicherheit geben, daß seine Einlage ordnungsgemäß verbucht ist, was bei der herkömmlichen, manuellen Buchung nicht gewährleistet ist.

Die konzeptionell schwierigeren Probleme ergeben sich aus der Abstimmung von Aktiv- und Passivgeschäft. Jede Einlagen entgegennehmende Finanzinstitution muß im eigenen Interesse und im Interesse der Einleger sichere und zugleich ertragreiche Anlagemöglichkeiten finden. Die gesamte Geldanlage der Finanzinstitution sollte auch so erfolgen, daß bei Bedarf eine Rückzahlung der Einlagen möglich ist. Ertragreiche - und entwicklungspolitisch erwünschte - Kredite und ihre Verwendungen durch die Kreditnehmer sind jedoch meist nicht sicher und nicht liquide. Daraus folgt für die einzelne Finanzinstitution, daß sie sowohl bei der Vergabe des einzelnen Kredits auf Risikobegrenzung als auch bei der gesamten Kreditpolitik auf hinreichende Portfolio-Diversifikation zu achten hat.

Im Interesse des Einlegerschutzes ist eine vorsichtige Kreditvergabe selbst dann geboten, wenn der Staat mit einem Einlagensicherungsfonds zur Seite steht. Daß diese erzwungene Vorsicht auch zu entwicklungspolitisch und gesamtwirtschaftlich unerwünschten Folgen führen kann, liegt auf der Hand: Strikte Kreditbesicherung und die Geldanlage bei etablierten Banken in der Hauptstadt oder gar im sicheren Ausland können nicht als Beitrag zur Förderung ländlicher Räume gelten. Wie eine vertretbare vorsichtige Politik einer Finanzinstitution mit einem ausgeprägten Passivgeschäft auszusehen hat, läßt sich nicht allgemein sagen. Hier sind gerade für ländliche Finanzinstitutionen noch neue Lösungen zu suchen.

Zur Vermeidung von Solvenzproblemen muß eine Finanzinstitution, die Einlagen entgegennimmt, das Ausmaß ihrer Fristentransformation begrenzen und Liquiditätsreserven halten. Dies kann dadurch geschehen, daß Teile der Einlagen in liquider Form gehalten, am besten zinsbringend bei anderen Banken angelegt werden. Dazu eignen sich besonders Zentralinstitute wie Girozentralen und genossenschaftliche Zentralkassen,

die einer angeschlossenen Institution bei Bedarf auch mehr als die einge-
legten liquiden Mittel zur Verfügung stellen. Ersatzweise oder auch in
Verbindung mit dieser "aktiven" Liquiditätssicherung wird eine dezentral
operierende Finanzinstitution auch den Zugriff ihrer Einleger auf die
Einlage beschränken müssen. Es ist sehr wichtig, den Kunden den Unterschied zwischen Sichteinlagen, Spareinlagen und Anteilen an genossenschaftlichen Instituten zu verdeutlichen, denn nur so kann verhindert
werden, daß sie enttäuscht sind und mißtrauisch werden, wenn sie ihre
Einlagen nicht jederzeit liquidieren können. Eine Finanzinstitution, die
alle Konten als Girokonten behandelt, gefährdet nicht nur ihren eigenen
Bestand, sondern auch die ihr anvertrauten Einlagen. Die Möglichkeiten
der Einlagensicherung durch Sicherungsfonds und ähnliche Einrichtungen sind in Betracht zu ziehen. Sie werden unten im Abschnitt 3.4.1.4
erörtert.

3.3.4 Dienstleistungen und komplementäre Leistungen

Dienstleistungen im Sinne von Leistungen, die sich nicht unmittelbar in
der Bilanz einer Finanzinstitution niederschlagen, sind für eine Finanzinstitution und ihre Kunden oder Zielgruppen gerade in Entwicklungsländern überaus wichtig. Den meisten Entwicklungspolitikern ist es mitunter noch kaum bewußt, in welchem Umfang solche Leistungen durch
Banken erbracht werden. Man kann Dienstleistungen danach unterscheiden, ob sie in Verbindung mit dem eigenen Aktiv- und/oder Passivgeschäft stehen oder ob sie unabhängig davon erbracht werden. Beratungs-
und Zahlungsverkehrsleistungen sind typischerweise mit der eigenen
Kreditgewährung bzw. der Annahme von Einlagen verbunden; sie werden nur ausnahmsweise unabhängig davon erbracht. Typischerweise unabhängig davon sind Leistungen der Vermittlung, Verwahrung, Vermö-
gensverwaltung etc.

Dem Inhalt nach ist zu unterscheiden zwischen Kundenberatung, Zahlungsverkehr und Vermittlung/Verwahrung/Verwaltung. Die letzteren betreffen häufig Kredite, Anlagemöglichkeiten und Versicherungen, also Finanzleistungen, die von Dritten erbracht werden, und komplementäre güterwirtschaftliche Leistungen wie den Bezug von Saatgut, Dünger und Rohstoffen oder den Absatz von Produkten. Allein die diebstahlsichere Aufbewahrung von Wertgegenständen in Depots und Schließfächern ist eine sehr wichtige Dienstleistung.

Die Bedeutung des Dienstleistungsangebots einer Finanzinstitution ergibt sich zum Teil allein daraus, daß es der Nachfrage bzw. dem Bedarf der zu versorgenden Zielgruppe entspricht: Wenn die Finanzinstitution bestimmte Kredit- und Anlageformen wie z.b. das Bausparen, indexierte, inflationsgesicherte Anlagen oder Versicherungen nicht selbst anbieten kann, ist es für ihre Zielgruppen wichtig, daß sie Zugang zu diesen Finanzleistungen erhalten. Gerade eine kleine ländliche Finanzinstitution kann kein "Finanz-Supermarkt" sein und muß daher ihr eigenes Angebot durch Vermittlung fremder Leistungen ergänzen. Soweit die Nachfrage der Kunden bzw. der Zielgruppen das Dienstleistungsangebot bestimmt, ist für jede einzelne ländliche Finanzinstitution immer die entwicklungspolitisch entscheidende Frage: Welche Lücken bestehen im regional verfügbaren Leistungsangebot und welche können oder müssen geschlossen werden? Wie leistungsfähig ist das Beratungssystem für die Bauern? Wie funktionsfähig - und wie ausbeuterisch - ist der Landhandel? Klappt der in vielen Ländern über das Postsystem abgewickelte Zahlungsverkehr? Je nach der Antwort auf diese Frage wird eine entwicklungspolitisch aufgeschlossene, zielgruppenorientierte Finanzinstitution ihr Dienstleistungsangebot - im Rahmen ihrer Möglichkeiten - zu gestalten versuchen.

Außerdem hat eine Finanzinstitution ein doppeltes eigenes Interesse daran, ihr Kredit- und Einlagengeschäft durch Dienstleistungen zu ergänzen:

- Daß ihre Kunden oder ihre Zielgruppen - von wem auch immer - qualifiziert beraten werden, daß sie mit Dünger, Saatgut, Treibstoff, Ersatzteilen u.v.a. versorgt werden, daß ihr Absatz gesichert ist und daß sie sich versichern können, reduziert das Kreditrisiko und erhöht das mögliche Einlagenvolumen, weil es die Lage der Kunden verbessert.

- Daß diese Leistungen von der Finanzinstitution selbst oder zumindest in enger Abstimmung mit ihr erbracht werden, erlaubt es in vielen Fällen, positive Verbundeffekte zu realisieren, d.h. Kosten und Risiken der Finanzinstitution zu senken: Wer berät, kann die dabei gewonnenen Kenntnisse der Kreditnehmer und ihrer Probleme und Möglichkeiten in die Entscheidungen über Kreditvergabe, -verlängerung und -einzug eingehen lassen. Wer Inputs liefert, kann die Rückzahlungsfähigkeit besser abschätzen und die Rückzahlungsmotivation erhöhen, da er die weitere Belieferung von der ordnungsgemäßen Kreditrückzahlung abhängen lassen kann.

So wichtig ein umfassendes Dienstleistungsangebot ist, so problematisch ist es auch: Oft wird seine Bedeutung von beiden Seiten unterschätzt. Auch ist es für Finanzinstitutionen erfahrungsgemäß schwer, von nicht bankerfahrenen Kunden ein Entgelt für Zahlungsverkehrs-, Beratungs- und Vermittlungsleistungen zu bekommen, denn Gebühren für diese Leistungen werden oft als unbillig angesehen, zumal die Leistungen staatlicher Beratungsdienste meist kostenlos - wenn auch zugleich lückenhaft - angeboten werden. Den einzelnen Leistungen für den einzelnen Kunden stehen ja auch selten Grenzkosten der Finanzinstitution gegenüber, und die Leistungen sind zu abstrakt, um als solche erkannt zu werden. Daraus folgt, daß es viele Finanzinstitutionen als zu teuer ansehen, ein umfangreiches Dienstleistungsangebot zu erbringen. Außerdem verfügen sie auch oft nicht über das hinreichend qualifizierte Personal. Eine Finanzinstitution kann nicht mehr leisten, als sie kosten- und kapazitätsmäßig verkraften kann, wenn sie ihre Stabilität in finanzieller wie auch in technisch-organisatorischer Hinsicht bewahren will. Welches Leistungsbündel unter dieser sehr einschneidenden Restriktion angeboten werden kann, hängt vom Typ von Finanzinstitution ebenso ab wie von der jeweils vorliegenden Situation vor Ort.

3.4 Träger einer dezentralen ländlichen finanziellen Infrastruktur

Als Träger einer dezentralen ländlichen finanziellen Infrastruktur sind alle Institutionen im formellen und im informellen Sektor anzusehen, die finanzielle Leistungen anbieten können, die den finanzwirtschaftlichen Bedarf der im ländlichen Raum lebenden Menschen generell und speziell der Zielgruppen der ärmeren Bevölkerung decken oder wesentlich dazu beitragen oder beitragen könnten, daß dieser Bedarf gedeckt werden kann. Damit ist ein sehr weites Spektrum von Trägern angesprochen: von der städtischen Geschäftsbank, die auch ein Filialnetz auf dem Lande besitzt, über die ländlichen Banken, Genossenschaften mit Kredit- und Sparaktivitäten bis zum informellen Geldverleiher. Daher kann hier nur auf die wichtigsten Träger von finanziellen Leistungen eingegangen werden.

Die Hauptgruppen von Trägern werden im folgenden jeweils daraufhin untersucht, wie sie allgemein zur ländlichen Entwicklung beitragen können und wie sie speziell dafür geeignet sind, den Bedarf der ärmeren

Bevölkerungskreise zu decken, die gewöhnlich keinen Zugang zu Bankleistungen haben. Abschließend wird auf die sogenannten Hilfsaktoren eingegangen. Dieser Ausdruck bezeichnet Personen oder Institutionen, die durch ihre Tätigkeit das Zustandekommen von Finanzbeziehungen erleichtern oder sogar ermöglichen, ohne selbst Kredite zu vergeben oder Einlagen anzunehmen.

3.4.1 Träger aus dem formellen Sektor

3.4.1.1 Entwicklungsbanken

Bis vor wenigen Jahren waren Entwicklungsbanken als ein spezieller Banktypus leicht von anderen Banken abgrenzbar: Sie waren geschaffen worden, um den Mangel an Kapital auszugleichen, der in den meisten Entwicklungsländern vorherrschte - und wohl nach wie vor vorherrscht - und als der entscheidende Hemmschuh der Entwicklung angesehen worden war. Ihre Zielgruppen waren typischerweise große und moderne landwirtschaftliche bzw. industrielle Betriebe. Ihre Aufgabe war ausschließlich die Finanzierung der Produktionssteigerung durch Einsatz moderner Produktionstechniken.

Weil die mit dem Konzept der Entwicklungsbanken verbundene Entwicklungsstrategie aber keineswegs zu einer Verbesserung der Lebensbedingungen weiter Bevölkerungskreise geführt hat, wurde in den 70er Jahren die Aufgabenstellung und die Zielgruppenorientierung der Entwicklungsbanken verändert: Sie sollten Einkommen und Beschäftigung schaffen und so einer direkten Armutsbekämpfung dienen. Entsprechend sollten kleinbäuerliche, handwerkliche und kleinindustrielle Betriebe zu einer wichtigen neuen Zielgruppe werden.

Abgesehen von einigen bemerkenswerten Ausnahmen konnten die Entwicklungsbanken ihre neuen Zielgruppen noch nicht in nennenswertem Umfang erreichen und nicht zu stabilen und leistungsfähigen Institutionen werden. Dies ist um so bedauerlicher, da gerade die landwirtschaftlichen Entwicklungsbanken in vielen Ländern über ein vergleichbar breites Zweigstellennetz verfügen und da sie so viel an technischer und personeller Hilfe erhalten haben, daß sie durchaus leistungsfähig sein könnten. Viele Agrarentwicklungsbanken könnten durchaus ein wesentliches Element der ländlichen finanziellen Infrastruktur sein. Erforderlich ist dafür jedoch,

- daß sie sich von Agrarbanken zu ländlichen Banken weiterentwickeln und neben der Landwirtschaft auch ländliches Gewerbe sowie kommunale Investitionen finanzieren,
- daß sie nicht nur die eher für große Betriebe relevanten mittel- und langfristigen Kredite, sondern auch kurzfristige Kredite gewähren,
- daß sie die Mühen, Kosten und Risiken des Kleinkreditgeschäfts auf sich nehmen,
- daß sie sich von einer Kreditvergabe- und insbesondere Besicherungspolitik lösen, die die meisten Kleinbetriebe ausgrenzt,
- daß sie bzw. die hinter ihnen stehenden Zentralbanken die Politik der Zinssubventionierung aufgeben, die dazu führt, daß im Kreditgeschäft vor allem die Reichen und Einflußreichen bedient werden, weil sie sich beim Kampf um die Begünstigungen besser durchsetzen können,
- daß sie die eigene Mittelmobilisierung bzw. Sparförderung als Geschäftsbereich zur Erreichung größerer Geschäftsautonomie ausbauen und sich stärker zu Universalbanken entwickeln,
- daß sie ihre Tätigkeitsfelder mehr vom Bedarf der Kunden als von Programmvorgaben staatlicher Stellen bestimmen lassen,
- daß sie sich sowohl institutionell-formal als auch materiell durch eine konsequente Kostendeckung und durch die Mobilisierung von Erspar-

81

nissen vom unmittelbaren Staatseinfluß auf ihre Geschäftspolitik frei halten bzw. machen können,

- daß sie ein breiteres Spektrum von Leistungen und insbesondere Möglichkeiten der sicheren und rentablen Geldanlage anbieten.

All diese Maßnahmen sind notwendig, damit Entwicklungsbanken überhaupt eine wichtige Rolle in der ländlichen finanziellen Infrastruktur spielen können. Sie führen dazu, daß die Unterschiede zu anderen Banken undeutlich werden: <u>Jede effiziente Finanzinstitution auf dem Lande ist ja eigentlich eine Entwicklungsbank</u>. Zugleich könnte so ihre Bedeutung für die Zielgruppen der breiten ländlichen Bevölkerung beträchtlich gesteigert werden. Ob das aber ausreicht, um ihnen Effizienz zu verleihen, ihnen Zugang zu den Zielgruppen zu gewährleisten und dafür zu sorgen, daß sie von der Bevölkerung auch als "ihre" Bank akzeptiert werden, ist fraglich, denn sie sind nun einmal sowohl vom Einfluß auf die Geschäftspolitik als auch von der Art der bisherigen Refinanzierung her betrachtet keine "Volksbanken".

Die meisten der genannten Maßnahmen sind auch dann nötig, wenn Entwicklungsbanken als ein eigener Banktypus erhalten bleiben sollen. Welche spezifische Rolle könnten sie dann übernehmen? Es bieten sich <u>drei strategische Optionen</u> an:

(1) Entwicklungsbanken können, ihrem ursprünglichen Auftrag folgend, gezielt als Institutionen ausgestaltet werden und handeln, die auf allen Ebenen <u>Innovationen fördern</u> und alle dynamischen Elemente der ländlichen Wirtschaft unterstützen. Dazu wären insbesondere die Beratungskomponenten auszubauen. Wenn eine Entwicklungsbank eine solche Funktion übernimmt, muß sie sehr professionell sein. Sie muß zu umfassenden Betriebsanalysen fähig sein und die persönliche Qualifikation jedes einzelnen Kreditnehmers - "character und capac-

ity" - einschätzen. Sie muß auf individueller Ebene selektiv sein. Sie kann dann zwar im Prinzip auch unter normalen Bedingungen kostendeckend arbeiten, aber sie kann nicht risikolos operieren. Es ist deshalb nötig, Wege zu finden, wie durch eine Form der staatlichen Garantie eventuell - und sinnvollerweise - vorhandene Einleger vor Verlusten gesichert werden können, ohne daß eine solche Garantie zu einer leichtfertigen und letztlich ineffizienten Geschäftspolitik führt. Ein Kreditgarantiefonds kann unter günstigen Umständen einen Teil des Risikos übernehmen. Wenn eine Entwicklungsbank eine gezielte Innovationsförderung zu betreiben versucht, kann es auch vertretbar sein, daß sie Kreditnehmer subventioniert und/oder selbst Subventionen erhält. Solche Subventionen müssen aber durch die indirekte Rentabilität oder die externen Effekte der angeregten Innovationen gerechtfertigt werden. Sie dürfen die Unabhängigkeit der Entwicklungsbank nicht gefährden, und sie sollten nur ein Minimum an Mitnahmeeffekten auslösen. Die grundsätzlichen Probleme einer solchen Option dürfen - nach aller verfügbaren Erfahrung - nicht unterschätzt werden: Für die unvermeidliche Selektion gibt es keine operationalen Kriterien, und auch die "innovativen" Kreditnehmer können Entwicklungsbankenkredite benutzen, um damit andere als die intendierten innovativen Investitionen zu finanzieren.

(2) Im krassen Gegensatz zur Option (1) können sich Entwicklungsbanken auch betont risikovermeidend verhalten und eine Selektion der Kunden nicht durch individuelle Auswahl, sondern durch die Strukturierung ihres Leistungsangebots vornehmen. Sie müssen sich dazu auf das ausgeprägt risikoarme Kreditgeschäft und das Einlagengeschäft konzentrieren und ihren Kunden Finanzleistungen "ohne Ansehen der Person" anbieten. "Ohne Ansehen der Person" heißt weitgehend frei von Ermessen: Wer bestimmte ermessensfrei feststellbare Bedingungen erfüllt, kann einen Kredit erhalten. "Ohne

Ansehen der Person" kann nicht heißen: für jedermann, denn nicht an jeden kann ein Kredit gegeben werden, wenn die Bank nicht schnell zusammenbrechen und so auch ihre Einleger schädigen soll. Die ermessensfrei feststellbaren Merkmale müssen risikobegrenzend wirken, insb. das Vorhandensein leicht bewertbarer Kreditsicherheiten - wie z.b. von Goldpfändern - eignet sich als Selektionsmerkmal. Es begrenzt das Risiko, ohne den Kreis der Kreditnehmer auf die ohnehin bankfähigen zu beschränken. Soweit der Zugang zu Finanzinstitutionen des formellen Sektors für die Zielgruppen wirklich ein Problem ist - und häufig ist das der Fall - könnte die Option (2) eine Abhilfe schaffen.

Die beiden genannten strategischen Optionen, bei denen Entwicklungsbanken sich von anderen Banken unterscheiden würden, sind in den meisten praktischen Fällen nicht unmittelbar zielgruppenorientiert: Die ländlichen Massen sind ohne Beratung und Anleitung selten potentielle Innovatoren, und sie haben selten die Kreditsicherheiten, die ein Kredit ohne Ermessen voraussetzt. Die dritte strategische Option hat diesen Nachteil nicht:

(3) Entwicklungsbanken können den Schwerpunkt ihrer Aktivität darauf legen, informelle und formelle Selbsthilfegruppen zu finanzieren - oder besser: zu refinanzieren - und ihnen Anlagemöglichkeiten und Dienstleistungen anzubieten, ohne sie damit nur für eine "von oben" vorgegebene Politik zu instrumentalisieren. Damit würden sie wie bei der Option (1) Innovationen fördern. Aber es wären Innovationen institutionell-organisatorischer Art; und sie würden wie bei der Option (2) eine Form von "demokratischem" Kredit ermöglichen, da die Aufgabe der Auswahl der letztlich Begünstigten wie auch ein Teil des Risikos nicht bei der Entwicklungsbank, sondern bei den Zielgruppen selbst liegen würde.

Viele praktische Probleme einer solchen strategischen Option, die mit der Option (2) kombiniert werden könnte, sind allerdings noch ebenso ungeklärt und nur fallweise zu lösen wie das politische Problem, ob eine solche Strategie durchsetzbar ist.

3.4.1.2 Geschäftsbanken und Sparkassen

Für den ländlichen Raum sind die großen Geschäftsbanken mit Zweigstellen auf dem Lande ebenso wichtig wie dezentrale ländliche Banken *("rural banks")* mit örtlich beschränktem Tätigkeitsbereich. Als Sparkassen werden Finanzinstitutionen bezeichnet, die entweder eine kommunale Trägerschaft aufweisen und/oder die Sammlung von Einlagen zu ihrem wichtigsten - im Falle der Postsparkassen sogar zum einzigen - Geschäftszweig gemacht haben. Die genaue Abgrenzung ist von Land zu Land verschieden.

Unabhängige regionale ländliche Banken vergeben auch die Mehrzahl ihrer Kredite auf dem Lande und schaffen damit regionale Nachfrage und Arbeitsplätze. Sie stellen in der Regel die "Finanzierungsflanke" für Regionalplanung und Regionalentwicklung sowie für Entwicklungsinitiation "von unten" dar und und sind die notwendigen Ergänzungen zu Entwicklungsbanken, die - jedenfalls bisher - als Instrumente zur Umsetzung der Entwicklungspolitik der Zentrale bzw. "von oben" eingesetzt werden. Hierin liegt ihre entwicklungs- und regionalpolitische Bedeutung. Sie sammeln in der Region auch Einlagen bzw. bieten Anlagemöglichkeiten. In einigen Ländern, wie z.B. auf den Philippinen, ist jedoch die Stabilität von "rural banks" und damit die Sicherheit der Einlagen ein Problem. Auch bei den ländlichen Banken kann man beobachten, daß es systematisch zu einem entwicklungspolitisch problematischen Ressourcentransfer von einer sozialen Schicht zur anderen kommt: Die als Sparer

willkommenen Kreise der ärmeren Bevölkerung haben große Schwierigkeiten, von "ihrer" Bank auch Kredite zu bekommen.

Ländliche Sparkassen haben wie Bankfilialen auf dem Lande und lokale
Banken die Möglichkeit, die Verbindung zu der Zielgruppe der ärmeren
Bevölkerung zu finden. Sie können ihre Zweigstellen räumlich und personell darauf ausrichten, auch ein zielgruppenorientiertes Massengeschäft
in ländlichen Räumen zu betreiben. Das geschieht auch in Einzelfällen,
aber meist fehlt diesen Banken das geschäftspolitische Interesse, eine angemessene Motivation und Sensibilität des Personals sowie das erforderliche, sozial angepaßte Know-how.

Daß Geschäftsbanken auf dem Lande vertreten sind, ist gegebenenfalls
eher indirekt für die Zielgruppe relevant: Erstens kann es den Kleinbauern und Handwerker nützen oder schaden, wenn die "Implemental-
zielgruppe" der großen ländlichen Betriebe besser mit Bankleistungen
versorgt wird, denn diese Betriebe sind potentielle Arbeitgeber und, je
nach Situation, Auftraggeber oder auch Konkurrenten der kleinen Betriebe.

Zweitens werden häufig in Förderungsprogramme für Selbsthilfegruppen
Geschäftsbanken eingeschlossen. Das geschieht z.B. in der Form, daß
eine NRO eine Selbsthilfegruppe auf dem Lande organisatorisch anleitet
und entwicklungspolitisch berät und diese SHG dann ein Spar- und später ein Kreditkonto bei der Geschäftsbank einrichtet. Ein Kredit wird
erst dann, wenn ein Bankkonto eröffnet ist, durch Überweisung oder
Scheck ausgezahlt. Die Kontoeinrichtung soll disziplinierend wirken.

Drittens ist es für die Stabilität und Effizienz von Selbsthilfegruppen
wichtig, ob es in ihrer Nähe eine Geschäftsbank gibt. Dies kann einerseits die Stabilität gefährden, wenn die Geschäftsbank in der Lage ist,

die wirtschaftlich potentesten Mitglieder der Selbsthilfegruppe aus dieser herauszulösen. Aber es nützt andererseits einer Selbsthilfegruppe, wenn sie als Gruppe oder vertreten durch einen gewählten Repräsentanten ihre Überschüsse bei der Bank anlegen kann und von dieser für die Kreditdurchleitung an Mitglieder der Gruppe in Anspruch genommen werden kann.

3.4.1.3 Genossenschaftliche Finanzinstitutionen

Auf die wesentlichen Stärken und Schwächen von genossenschaftlichen Finanzinstitutionen im engeren Sinne, d.h. Spar- und Kreditgenossenschaften nach dem in Entwicklungsländern am stärksten verbreiteten Typ der angelsächsischen *"credit unions"*, und anderen finanzbezogenen Einzweckgenossenschaften und von Mehrzweckgenossenschaften mit Kredit- und Sparaktivitäten ist oben schon hingewiesen worden. Sie sind wegen ihres Förderungsauftrages, ihrer Zielgruppennähe und ihres Selbsthilfecharakters die nahezu idealen Träger einer dezentralen und zielgruppenorientierten finanziellen Infrastruktur. Leider ist die Wirklichkeit des Genossenschaftswesens in vielen Entwicklungsländern durchaus anders. Genossenschaften erscheinen oft als Instrument der Regierung oder als "Eigentum" einer unangreifbaren Funktionärsgruppe und nicht als die Interessenvertretung und das Werkzeug zur Interessendurchsetzung der Mitglieder.

Trotz der verbreiteten Mißstände haben genossenschaftliche Finanzinstitutionen im weiten Sinne, d.h. reine Spar- und Kredit-Genossenschaften wie auch Mehrzweckgenossenschaften, jedenfalls dann eine unbestreitbare Bedeutung für die Zielgruppen der ärmeren ländlichen Bevölkerung, wenn sie echte demokratische Selbsthilfe-Genossenschaften sind.

Wie kann ihre finanzwirtschaftliche Rolle stabilisiert und ausgebaut werden?

Viele Mehrzweckgenossenschaften leiten Kredite von zentralen oder regionalen Förderungsorganisationen, einschließlich Agrarentwicklungsbanken, an ihre Mitglieder weiter. Manchmal übernehmen sie dabei nur eine Vermittlerfunktion, öfter gehen sie selbst ins Obligo. Ohne Zweifel ist es für die Zielgruppen und für eine Kredit vergebende Institution sehr wichtig, wenn Genossenschaften die Rolle von Zwischenträgern übernehmen, zumal wenn das Zugangsproblem nur so gelöst werden kann. Die Rolle ist aber auch problematisch, denn es gibt nicht nur das Zugangsproblem: Um dauerhaft als Zwischenträger wirken zu können, muß eine Genossenschaft auch auf die Rückzahlungsfähigkeit ihrer Mitglieder und auf ihre eigene Rückzahlungsfähigkeit achten. Sie muß also vorsichtig bei der Kreditvergabe und gegebenenfalls auch hart bei der Eintreibung sein. Das schafft Konflikte, ist nicht einfach durchsetzbar und ist teuer. Damit eine Genossenschaft bereit und ökonomisch imstande ist, als Zwischenträger zu fungieren, muß ihr eine Zinsmarge zugestanden werden, die mindestens ihre Verwaltungskosten und Risiken dann deckt, wenn sie diese Kosten und Risiken in vertretbaren Grenzen zu halten vermag.

Um die Spartätigkeiten ihrer Mitglieder zu fördern, sollten Mehrzweckgenossenschaften auch Anlagemöglichkeiten anbieten oder vermitteln. Dies ist im Prinzip nicht problematisch, wenn Ersparnisse der Mitglieder sicher und ertragreich bei formellen Finanzinstitutionen mit Bankstatus angelegt werden. Würden ersparte Mittel von der Genossenschaft selbst investiert oder an andere Mitglieder ausgeliehen, wären die Einleger einem Risiko ausgesetzt, das sie vermutlich nicht abschätzen können und nicht tragen wollen. Mehrzweckgenossenschaften haben selten eine ausreichende Kapitalbasis, um Kreditrisiken zu absorbieren und damit Sparer zu sichern. Ohne Sicherheit für die Sparer ist die Annahme von Einlagen nicht vertretbar und in aller Regel auch nicht erlaubt.

Wenn eine Mehrzweckgenossenschaft riskante Mittelverwendungen durch Mittelbeschaffung von Mitgliedern finanzieren will, muß sie die Mitglieder dazu bewegen, zusätzliche Anteile zu zeichnen, die dann entsprechend zu verzinsen sind bzw. am Geschäftsergebnis zu beteiligen sind. Ohne eine begründete Aussicht auf positive Geschäftsergebnisse wird eine Genossenschaft nicht fähig sein, dauerhaft Anteile absetzen zu können.

Spezialisierte Spar- und Kreditgenossenschaften betonen in der Regel das Spargeschäft. Die sichere Geldanlage steht im Vordergrund. Dies entspricht meistens dem Bedarf der Zielgruppen. Das Kreditgeschäft solcher Genossenschaften ist demgemäß sicherheitsbetont, auch wenn weniger konventionelle dingliche Kreditsicherheiten gefordert werden als von den Geschäftsbanken und den meisten Entwicklungsbanken. Die übliche Sicherungsform ist die Sperrung der eigenen Einlage und die Stellung von zwei Bürgen, deren Einlagen ebenfalls gesperrt werden.

Spar- und Kreditgenossenschaften leihen ihre Mittel an Mitglieder aus, die damit häufig einen nicht produktionsorientierten Kreditbedarf decken, den sie wegen Verwendungsauflagen oder Sicherungsanforderungen oder einfach wegen Zugangsproblemen und Mittelknappheit bei anderen Stellen nicht befriedigen könnten. Mitunter ist - wie bei Bausparkassen in Industrieländern - das wesentliche Sparmotiv die Erwartung, einen Kredit bekommen zu können.

Das Zugangsproblem und das Rückzahlungsproblem können viele Spar- und Kreditgenossenschaften besser lösen als z.B. Entwicklungsbanken. Ihre Schwäche dürfte darin liegen, daß sie kaum in der Lage sind,

größere innovative und die Ertragskraft der Betriebe wesentlich erhö-
hende Investitionen zu finanzieren. Es wäre aber problematisch, wenn
um einer "dynamischeren" Kreditvergabe willen die Spar- und Kreditgenossenschaften veranlaßt würden, sich so zu verhalten, daß dadurch ihre
Fähigkeit, Einlagen zu bekommen und überhaupt Kredite zu vergeben,
gefährdet würde.

Ein akuteres Problem vieler Spar- und Kreditgenossenschaften in Entwicklungsländern ist das Liquiditätsproblem - das ihrer Mitglieder und
das eigene: Im Interesse der eigenen Stabilität müssen diese genossenschaftlichen Finanzinstitutionen den Zugriff der Einleger auf deren
Guthaben beschränken. Wenn Einleger jederzeit ihre Einlagen abheben
können, ist entweder eine Kreditvergabe kaum möglich, oder die Genossenschaft ist dem banktypischen Solvenzproblem ausgesetzt. Für viele
Einleger ist aber die Liquidität überaus wichtig. Der Konflikt ist offensichtlich. Es stellt sich die Frage, wie er gemildert werden kann und ob
es zulässig sein darf, daß die credit unions einiger Länder ihn ganz zulasten der Solvenz lösen. Verbände und Zentralkassen können eine wichtige Rolle nicht nur für den Liquiditätsausgleich, sondern auch für die
Liquiditätssicherung übernehmen und in dieser Funktion auch von ausländischer Unterstützung profitieren.

3.4.1.4 Versicherungen

Versicherungen sind formelle Institutionen des Finanzsektors, die Risiken gegen Entgelt übernehmen bzw. abdecken. Die Entscheidung, sich
zu versichern, ist für eine Wirtschaftseinheit eine genauso wichtige
Maßnahme zur Gestaltung ihrer Zahlungsströme wie die Entscheidung zu
sparen, zu investieren und zu finanzieren. Der Zugang zu formellen
Versicherungsleistungen ist für viele Menschen, insbesondere die ärme-

ren auf dem Lande, ebenso wichtig und ebenso schwierig wie der Zugang zum formellen Kreditsystem.

Versicherungen werden entweder unabhängig von der Finanzierung und der Geldanlage bei Finanzinstitutionen angeboten und/oder nachgefragt, oder sie stehen in Zusammenhang mit der Tätigkeit von Finanzinstitutionen. Am wichtigsten für die Menschen auf dem Lande dürften die kreditunabhängigen Versicherungen sein: Krankenversicherung, Lebensversicherung, Feuer- und Diebstahlversicherung, Sterbekassen u.s.w. könnten, wenn sie vorhanden, zugänglich und bezahlbar wären, grundlegende Bedürfnisse befriedigen. Die finanzielle Infrastruktur in entwickelten Ländern ist geradezu gekennzeichnet durch ein "flächendeckendes" System von Individual- und Sozialversicherungen. Ihre Existenz ist einer der Gründe, warum sich unternehmerische Individuen "risikobereit" verhalten können. In Ländern, in denen es diese Versicherungen nicht oder nur für einen Bruchteil der Bevölkerung gibt, sind die existentiellen Risiken größer und daher - scheinbar - die Risikobereitschaft geringer. Die Notwendigkeit informeller Absicherung etwa durch die enge Bindung an Familie, Dorf und Stamm kann die individuelle Initiative, die Mobilität und die Möglichkeiten, investierbares Kapital zu akkumulieren, behindern und dadurch das, was man unter Entfaltung privater Selbsthilfe und unter wirtschaftlicher Entwicklung versteht, retardieren. Allein deshalb ist die Förderung eines situationsangepaßten, sozialverträglichen und zielgruppenorientierten Versicherungswesens in Entwicklungsländern eine ebenso wichtige - und vermutlich noch schwierigere und heiklere - Aufgabe wie die Förderung des Kreditwesens. Dabei ist aber die wechselseitige Abhängigkeit zwischen traditionellen sozialen Bindungen und modernen formellen Versicherungen zu sehen: Enge soziale Bindungen können zugleich sehr wertvolle Voraussetzungen für die wirtschaftliche Entwicklung sein, wie die Bedeutung der familieninternen Finanzierung erkennen läßt. Die familieninterne

Finanzierung beruht auf beiderseitiger Anerkennung traditioneller Solidaritätsnormen. Existierende Formen traditioneller Solidarität machen Versicherungen weniger wichtig, und deren Einführung kann auch positiv zu bewertende traditionelle Strukturen auseinanderbrechen lassen.

Auch wenn sie weniger relevant für die Zielgruppe der ländlichen Armen sein dürfte, sind die Lebensversicherungen hier wenigstens zu erwähnen, denn sie haben eine wichtige Funktion der Ersparnismobilisierung. Je mehr sich auch in Entwicklungsländern der Typus der traditionellen Großfamilie, die ja eine Lebensversicherung für den einzelnen darstellt, aufzulösen beginnt, um so stärker dürfte sich der Bedarf an formellen Lebensversicherungen entwickeln. Umgekehrt kann die Einrichtung von Lebensversicherungen eine wertvolle, manchmal sogar unverzichtbare Ergänzung zu Familienplanungsprogrammen sein.

Es gibt immerhin einige Formen der Schadensversicherung in ländlichen Räumen der Entwicklungsländer. Ernteversicherungen gegen extreme Witterungseinflüsse sichern nicht nur den Landwirt, sondern sie erhöhen auch seine Kreditfähigkeit. Sie verleihen der landwirtschaftlichen Produktion die Qualität von dinglichen Sicherheiten. Ernteversicherungen gibt es in einigen Ländern für einige Kulturen. Ähnliches gilt für Viehversicherungen. Am verbreitetsten sind Versicherungen von Fahrzeugen. Viele Risiken sind jedoch in keinem Land versicherbar, weil ein Mißbrauch des Versicherungsschutzes nicht ausgeschlossen werden kann. Soweit Schadensversicherungen in Entwicklungsländern doch angeboten werden, sind sie häufig sehr teuer. Versicherungsprämien von 10% des Wertes der Ernte, des Viehs oder der Kraftfahrzeuge sind keine Seltenheit; sie beschränken naturgemäß die Nachfrage.

Neben den genannten Versicherungen gibt es solche, die <u>unmittelbar am</u> <u>Vorgang der Kreditgewährung</u> ansetzen und das Risiko eines Kreditausfalls für formelle Finanzinstitutionen reduzieren. Dadurch soll die Kreditvergabe von Banken an diejenigen Kreditnehmer angeregt werden, die nicht über die üblichen Kreditsicherheiten verfügen. Zu nennen sind Kreditgarantiegemeinschaften, Kreditgarantiefonds, kommerzielle Kreditversicherungen und das bankmäßige Garantiegeschäft.

Kreditgarantiegemeinschaften sind - mehr oder weniger formelle - Gruppen, die Kollektivbürgschaften gewähren und damit Kredite ihrer Mitglieder absichern. Kreditgarantiegemeinschaften können als eine moderne Form der Solidarhaftung angesehen werden. Einige einfache Kreditgarantiegemeinschaften beschränken sich darauf, gegenseitig zu bürgen. Andere komplexere Systeme funktionieren z.B. in der Weise, daß die Mitglieder einen bestimmten Betrag als Fonds sammeln und auf ein Sicherungskonto bei einer Bank legen. Wenn die Bank Kredite an die Mitglieder der Gemeinschaft gewährt und dabei Ausfälle erleidet, kann sie sich von dem Sicherungskonto bedienen. Einen Wert hat die Kreditgarantiegemeinschaft für die Mitglieder nur dann, wenn die Summe der Kredite der Bank an die Mitglieder über den Betrag auf dem Sicherungskonto hinausgeht, denn anderenfalls könnte ja dieser Betrag, statt bei der Bank eingelegt zu werden, direkt an die Gruppenmitglieder ausgeliehen werden. Daraus ergibt sich, daß die Bank ein Restrisiko trägt. Ist sie dazu nicht bereit, ist die Kreditgarantiegemeinschaft gescheitert. Solche Kreditgarantiegemeinschaften mit einem gemeinsamen Fonds verursachen nur geringe Anreizprobleme, aber sie sind recht kompliziert, vielleicht zu kompliziert für die Praxis. Gegenwärtig betreibt z.B. die Friedrich-Ebert-Stiftung zusammen mit einer kenianischen Bank ein Pilotprojekt eines zielgruppenorientierten Kreditsicherungssystems für ländliche Handwerker.

Eine vom Funktionsprinzip her einfachere Form der Kreditversicherung ist ein Kreditgarantiefonds, wie er in vielen Ländern vom Staat oder vom Ausland her eingerichtet worden ist. Die Idee war, daß Banken dann eher Kredite an Kleinbetriebe ohne konventionelle Sicherheiten vergeben, wenn sie durch den Fonds gesichert sind. Doch nur in wenigen Ausnahmefällen verbesserte ein Kreditgarantiefonds den Kreditzugang, ohne an den übernommenen Risiken zugrunde zu gehen. In den meisten anderen Fällen wurden die Fonds schnell durch Verluste aufgebraucht oder sie verhalten sich bei der Gewährung von Sicherungszusagen und bei der Erfüllung der Zahlungsverpflichtungen so überaus vorsichtig, daß die Banken das Interesse an der Kooperation verloren haben.

Gerade wenn sie vom Staat oder von staatlichen Banken eingerichtet sind, haben Kreditgarantiefonds in aller Regel keine Möglichkeit, Risiken besser abzuschätzen, durch Kontrolle zu mindern, durch Diversifikation zu vernichten oder zu tragen, als die Banken, deren Kredite sie absichern sollen. Wo Banken nicht kostendeckend arbeiten können, können es Kreditgarantiefonds in der Regel auch nicht. Aber wenn sie keinen solchen Vorteil aufweisen, ist unklar, worin ihre Daseinsberechtigung zu sehen ist, denn Risikovernichtung durch Diversifikation betreiben Banken auch, ob sie sich dessen bewußt sind oder nicht. Weisen Kreditgarantiefonds keine komparativen Vorteile gegenüber Banken auf, verursacht ihre Einschaltung nur Doppelarbeit, Zeitverlust und Inflexibilität. Und wenn Banken bestimmte Gruppen von Kreditnehmern als Kunden diskriminieren wollen, dann können sie das ohnehin. Erfolgsaussichten hat ein Kreditgarantiefonds nur entweder als eine diskrete, aber administrativ aufwendige Form der Subventionierung der Kreditnehmer bzw. der Banken (was bei einer bewußt innovationsfördernden Kreditvergabe vertretbar sein mag) oder - ohne Subventionierung - in dem Falle, daß Banken, die Kreditgewährung nur deshalb ablehnen, weil sie das Kreditrisiko falsch, nämlich zu hoch, einschätzen, während der Fonds es richtig beurteilt.

Wo Kreditgemeinschaften und Kreditgarantiefonds eingesetzt werden, ist darauf zu achten, daß weder der Kreditgeber noch der Kreditnehmer von jedem Risiko entlastet werden. Eine Selbstbeteiligung am Risiko stärkt die Anreize zu einer vorsichtigen und wohlüberlegten Kreditvergabe und -verwendung.

Mitunter findet man "Kreditlebensversicherungen" als Elemente des Leistungsangebots einiger genossenschaftlicher Kreditprogramme: Gegen eine geringe Zinserhöhung wird vereinbart, daß die Schulden im Todesfall erlöschen und damit die Erben entlastet werden. Dies ist besonders in Ländern wichtig, wo aufwendige Beerdigungsfeierlichkeiten ohnehin die Erben stark belasten.

In vielen Entwicklungsländern ist der umgekehrte Vorgang weitaus wichtiger als die *institutionelle Versicherung* von *Bank*krediten: Banken versichern oder garantieren die Kredite, die *andere*, insbesondere Industrie und Handel, ihren Abnehmern zu marktüblichen Konditionen gewähren. Die Erklärung für die erstaunliche Verbreitung dieser Form mittelbarer Banktätigkeit ist, daß es Lieferantenkredite leichter und wirksamer als Bankkredite erlauben, Zinsbindungen zu umgehen und die Zinssubventionen staatlicher Kreditprogramme "abzuschöpfen".

Schließlich sind hier Einlagenversicherungen - oder allgemeiner, Einlagensicherungssysteme - anzusprechen. Sie sichern Einleger vor der Insolvenz einer Finanzinstitution und sollen so die Bereitschaft zum Finanzsparen erhöhen bzw. den Finanzinstitutionen die Mobilisierung von Ersparnissen erleichtern. Die Grundidee von Einlagensicherungen ist als Ergänzung zu der Betonung, die dem Passivgeschäft mit Recht allgemein zuteil wird, sehr zu begrüßen. Ob die Einlagensicherung aber duch eine Einlagen*versicherung* - oder eher durch Strukturnormen und Verhaltensstandards für Finanzinstitutionen - zu realisieren ist, läßt sich kaum abschätzen. Die enorme administrative Kompliziertheit von Einlagensicherungseinrichtungen in Industrieländern läßt vermuten, daß sie in Entwicklungsländern gänzlich unanwendbar sind. Es ist zudem zu beachten, daß Einlagensicherungseinrichtungen Kontrollrechte fordern, die die Autonomie - und damit wohl häufig auch die Zielgruppenorientierung - einer zielgruppennahen ländlichen Finanzinstitution in Frage stellen können.

3.4.2 Träger im informellen Sektor

3.4.2.1 Abgrenzungsprobleme

Man vermutet, daß die informellen Finanzmärkte in vielen Ländern Asiens, Afrikas und des Nahen Ostens wichtiger und umfangreicher sind als formelle. Neuerdings ist auch die Vermutung verbreitet, daß es für die ärmeren Zielgruppen vorteilhaft wäre, wenn der "informelle Finanzsektor" in irgendeiner Weise gefördert und möglicherweise an den formellen Finanzsektor angebunden werden könnte. Beide Vermutungen dürften zutreffen, aber sie lassen sich nur schwer erhärten, denn es besteht ein krasses Mißverhältnis zwischen der mutmaßlich großen Bedeutung informeller Finanzmärkte und dem wenigen gesicherten Wissen über sie: Wie sind sie abzugrenzen? Wie arbeiten sie? Worin liegen ihre Stärken und Schwächen? Wie könnte und sollte eine Förderung erfolgen? Die Schwierigkeit der Beantwortung dieser Frage ist eine Folge der Informalität und diese könnte selbst ein wesentlicher Grund für die Leistungsfähigkeit und Bedeutung des informellen Finanzsektors für die Zielgruppen sein. Wenn das so ist - und dafür spricht vieles - dann sollte man sich die Anbieter auf informellen Finanzmärkten besser nicht als "Primitivbanken" vorstellen, denen zur vollen Entfaltung nur die staatliche Registrierung fehlt. Dann ist auch schon der Ausdruck "informelle Finanz*institution*" irreführend.

Zwei Besonderheiten informeller Finanzmärkte könnten das "Wesentliche" dieser Märkte ausmachen und verantwortlich sein für die Abgrenzungsschwierigkeiten und die Probleme, einen Ansatzpunkt für Förderungsmaßnahmen zu finden:

(1) Viele informelle Finanzbeziehungen lassen sich nicht als solche beobachten, da sie nur als ein Element eines komplexen Geflechts von Beziehungen vorkommen: Ein *share-cropping*-Arrangement ist ebenso ein Pachtvertrag mit erfolgsabhängiger Pacht wie eine Eigenkapitalbeteiligung des *"landlord"* am Betrieb des *"share-croppers"* und wie eine Kombination von Pacht und Ernteversicherung. Das gemeinsame Arbeiten in einem westafrikanischen *"groupement de travail"* oder in einer ostafrikanischen Frauengruppe ist auch eine Form des Vorleistens und Ansprüche-Erwerbens, also eine Form des Sparens. Traditionelle Formen der Solidarität wie insbesondere im Familienverband sind - auch - komplexe Spar-, Finanzierungs- und Versicherungsbeziehungen.

Das mit diesen Beispielen erläuterte Merkmal der *"interlinked transactions"* verweist auf eine Stärke informeller Finanzmärkte: Es müssen nicht strikt Zahlungen gegen Zahlungsansprüche getauscht werden, sondern es kann eine Vielzahl von Leistungsbeziehungen verknüpft werden. Das erweitert für beide Seiten den Handlungsspielraum und erhöht die Chancen, einen für beide Seiten vorteilhaften Vertrag schließen zu können. Wer eine spätere Gegenleistung eines Schuldners zur Not auch in Form von Arbeitsleistung einfordern und entgegennehmen kann, ist eher als eine formelle Finanzinstitution in der Lage, Kredit zu gewähren. Wer neben Geld als Rückzahlung gegebenenfalls Arbeitsleistung oder politische Loyalität versprechen kann, erhält eher einen Kredit.

(2) Informelle Finanzmärkte erlauben auch Formen der strikten Bindung des Schuldners an sein Leistungsversprechen, wie sie auf formellen Märkten unmöglich wären. So verurteilenswert es wegen seiner inhumanen Folgen sein mag: Mancher arme Bauer in Indien und mancher Handwerker auf den Philippinen erhält nur deshalb auf dem informellen Finanzmarkt einen Kredit, weil er seine eigene Freiheit oder die seines Sohnes als Pfand geben kann, und darum ist diese Möglichkeit, sich zu binden, auch für sie wichtig.

Wenn nicht die fehlende staatliche Registrierung, Lizenz oder Aufsicht, sondern die Möglichkeit, komplexere Leistungsbeziehungen und strikte Bindungen einzugehen, das Spezifische informeller Finanzmärkte ausmacht, wird das Abgrenzungsproblem offensichtlich. Die "typischen" informellen Finanzbeziehungen sind dann die innerhalb der Familie, des Clans oder unter engen Freunden. Aber man wird Familien nicht als "informelle Finanz*institutionen*" bezeichnen und zählen wollen. Dagegen sind die staatlich nicht registrierten Spar- und Kreditvereine eher nicht typisch, denn bei diesen "informellen Finanzinstitutionen" läßt sich bereits eine weitgehende - aber keineswegs vollständige - Verselbständigung der finanzwirtschaftlichen Beziehungen zwischen den Mitgliedern gegenüber den anderen Beziehungen feststellen. Die Geldverleiher nehmen eine Zwischenstellung ein. Der informelle Finanzmarkt ist zu diffus für eine genaue Abgrenzung, und er ist heterogen. Dies hat Auswirkungen auf den Förderungsansatz.

3.4.2.2 Förderung informeller Finanzmärkte

Wenn informelle Finanzmärkte so verbreitet und so wichtig sind, liegt es nahe zu fragen: Welche Instanz kann welchen informellen Anbieter finanzieller Leistungen mit welchen Mitteln in welcher Hinsicht so fördern, daß es gut für die Zielgruppen ist? Und wer hat sowohl ein Interesse an einer solchen Förderung als auch die Möglichkeit dazu? *Eine* denkbare Antwort ist, daß staatliche Stellen - möglicherweise mit ausländischer Unterstützung - interessiert und fähig wären, finanzielle Selbsthilfegruppen organisatorisch zu stärken und an das formelle Banksystem heranzuführen, so daß sie Überschüsse auf Sparkonten anlegen und sich gegebenenfalls refinanzieren können. Mittel der Förderung wären Beratung, wie sie im Rahmen der Genossenschaftsförderung üblich ist, und eventuell eine Veränderung von Rahmenbedingungen, die den Handlungsspielraum von Selbsthilfegruppen erweitern würde. Soweit finanzielle Selbsthilfegruppen genossenschaftlichen Charakter haben, die Anbindung wollen und sich *nur noch nicht* zu richtigen genossenschaftlichen Finanzinstitutionen entwickeln konnten, ist ein solcher Förderungsansatz möglich. Die Voraussetzung wäre, daß es formelle Finanzinstitutionen gibt, die ihrerseits eine Anbindung erlauben oder sogar suchen würden. Unter den genannten Bedingungen ist es nicht als Problem einzustufen, daß die Förderung die Selbsthilfegruppen zu einer gewissen Formalisierung zwingen würde, ohne die sie nicht Ansprech-, Verhandlungs- und Vertragspartner der Förderungsinstitution und der formellen Finanzinstitutionen sein könnten.

Es gibt vermutlich eine Reihe von konkreten Fällen, in denen eine solche Förderung informeller Finanzinstitutionen möglich und aus der Sicht der Zielgruppen sinnvoll ist. Zugleich ist die Förderung und Anbindung an den formellen Sektor auch problematisch, denn sie kann für die eine

informelle Finanzinstitution tragende Gruppe destabilisierend und spren-
gend wirken,

- wenn das erforderliche Maß an Formalisierung zu einer Verstärkung
  der Unterschiede zwischen den einzelnen Mitgliedern führt, z.b. weil
  einige einen Funktionärsstatus erlangen;
- wenn die Gruppe trotz internen Kapitalbedarfs bei einer formellen Finanzinstitution Mittel anspart, um einen in Aussicht gestellten Kredit
  zu erhalten, der ihr - wie bislang auch - schließlich doch nicht ausgezahlt wird;
- wenn es zu Konflikten um die Verteilung eines evtl. doch erhaltenen
  Kredits und insbesondere zu Rückzahlungsproblemen kommt.

Die Probleme staatlicher Genossenschaftsförderung in vielen Ländern
zeigen, daß der beschriebene Förderungsansatz nur mit größter Vorsicht
verfolgt werden sollte.

Auch bei den finanziellen Selbsthilfegruppen selbst sind die genannten
Voraussetzungen keineswegs immer erfüllt. Sie leisten nicht selten
Selbsthilfe *gegen* eine Umwelt, die als feindlich wahrgenommen wird:
gegen staatliche Berater, die disziplinieren und kontrollieren, und gegen
ein formelles Finanzsystem, das "zu billig" Ersparnisse einsammeln und
Ressourcen in andere Regionen transferieren will. Eine Anbindung wäre
dann kaum im Interesse der Zielgruppen. Eine Änderung der Rahmenbedingungen wäre wichtiger.

Die Vorstellung einer Unterstützung informeller Gruppen bei der Annahme und Verwaltung von Einlagen bzw. bei der Vergabe von Krediten
erscheint auf den ersten Blick abwegig, wo doch gerade der formelle
Sektor so große Schwierigkeiten hat, Ersparnisse zu mobilisieren und
Kleinkredite auf dem Lande zu vergeben und zurückzubekommen. Aber

eine externe Unterstützung braucht nicht darin zu bestehen, daß externe Ratgeber selbst Kredite vergeben. Sie könnten z.b. bei der Formulierung von Vergabekriterien oder bei der Organisation der Verbuchung helfen.

Die Möglichkeiten einer Förderung des informellen durch den formellen Sektor sind noch geringer, wenn man nicht auf informelle genossenschaftsähnliche Gruppen schaut: Sollen - und gegebenenfalls: wie können - Geldverleiher als Anbieter im informellen Finanzmarkt gestärkt werden? Know-how scheinen sie nicht zu brauchen, und den Zugang zum formellen Finanzsystem zur Refinanzierung und zur Anlage von Überschüssen haben sie ohnehin. Für sie sind Rahmenbedingungen, die ihre Tätigkeit ermöglichen, besonders wichtig. Und für die Zielgruppen ist es wichtig, daß sie von Geldverleihern nicht zu sehr ausgepreßt werden. Rahmenbedingungen, die eine gewisse Form der Gewerbeaufsicht und eine gewisse Konkurrenz zwischen den Geldverleihern sicherstellen, dürften für die Zielgruppen wertvoller sein als ein ohnehin nicht durchsetzbares Verbot informeller Geldverleiher.

3.4.2.3 Die Verknüpfungen von formellem und informellem Finanzsystem

Der weitaus bessere Zugang des informellen Sektors zu den Zielgruppen und sein größerer Erfolg im Kredit- und Spargeschäft legen es nahe, die Perspektive umzukehren. Statt nach der Förderung des informellen Sektors durch den formellen wäre eher zu fragen, ob Finanzinstitutionen oder andere Stellen des formellen Sektors, die die ärmere ländliche Bevölkerung erreichen wollen, es sich zunutze machen können, daß es informelle Finanzinstitutionen und informelle Finanzbeziehungen mit den oben beschriebenen Besonderheiten gibt. Die Antwort ist eindeutig positiv: Sie können vom informellen Sektor lernen, sich ihm gegenüber abgrenzen und - mit Einschränkungen - ihn einschalten.

Der wichtigste Vorteil für den formellen Finanzsektors besteht darin, daß er aus den Praktiken des informellen Finanzsektors lernen kann, was für die Zielgruppen wichtig ist:

- schnelle, flexible und bedarfsgerechte Kreditformen wie beim Geldverleiher,
- Möglichkeiten der sicheren, ertragbringenden und weitgehend liquiden Anlage auch kleiner und kleinster Geldbeträge wie bei Sparvereinen,
- die situations- und bedarfsgerechte Verknüpfung finanzieller mit nichtfinanzieller Beziehungen wie insbesondere bei familieninterner Finanzierung,
- starke Anreize zur Rückzahlung von Krediten durch informelle Kontrolle und sozialen Druck,
- gewohnheitsrechtlich sanktionierte Vollstreckungsmöglichkeiten,
- Finanzinstitutionen, die nach einfachen Prinzipien mit niedrigen Kosten und kundennah operieren und finanziell lebensfähig sind, wie informelle Spar- und Kreditvereine,
- Finanzinstitutionen, bei denen das Risiko eines Machtmißbrauchs durch Funktionäre und andere einflußreiche Personen so gering ist wie bei den rotierenden Spar- und Kreditvereinen.

Zweifellos können formelle Finanzinstitutionen viele Praktiken informeller Finanzmärkte nicht kopieren. Weil Kreditbeziehungen auf informellen Finanzmärkten immer ausgeprägte Abhängigkeiten entstehen lassen, sind einige Praktiken ausbeuterisch und inhuman. Sie sind eher zu bekämpfen als nachzuahmen. Andere Praktiken sind einfach unvereinbar mit der organisatorischen Struktur beispielsweise einer Bank. Eine Bank kann nicht einen zahlungsunfähigen Schuldner dazu heranziehen, ersatzweise Aushilfsarbeiten zu leisten. Dennoch könnten die meisten formellen Finanzinstitutionen bedarfsgerechter und kostengünstiger arbeiten, wenn sie sich bei der Ausgestaltung von Kredit- und Anlageformen, bei der Kreditvergabe, -besicherung und -kontrolle bzw. -eintreibung und bei der organisatorisch-technischen Geschäftsabwicklung an den Lehren der informellen Märkte orientieren würden. Fast alle Finanzinstitutionen, die in den letzten Jahren neue Wege gegangen sind, um die Zielgruppen zu erreichen, sind in der einen oder anderen Hinsicht dem Vorbild des informellen Sektors gefolgt und haben damit wesentlich mehr Erfolg als die traditionellen Agrarkreditbanken. Was übernehmbar oder anpaßbar ist, hängt von der jeweiligen Situation ab und dürfte auch von Kontinent zu Kontinent und von Kulturkreis zu Kulturkreis variieren.

Die Kenntnis der Bedeutung, Verbreitung und Arbeitsweise informeller Finanzmärkte ist auch wichtig zur <u>Abgrenzung</u>: Sie erlaubt die richtige Positionierung formeller Finanzinstitutionen, wenn diese ihre Zielgruppen und ihr Angebot an Finanzleistungen festlegen wollen. Fast regelmäßig sind in der Vergangenheit Entwicklungsbanken von der falschen Vorstellung her konzipiert worden, daß es überall dort keine finanzielle Infrastruktur gibt, wo formelle Banken nicht vertreten sind. Die Folge davon war, daß das Angebot nicht den wichtigsten ungedeckten Bedarf traf oder daß informelle Finanzinstitutionen verdrängt wurden oder daß diese wegen ihrer situations- und bedarfsgerechteren Leistungen die Entwicklungsbanken zum Mißerfolg verurteilten. Der ländliche Bereich ist keineswegs ein "finanzwirtschaftliches Vakuum", und eine neue formelle Finanzinstitution muß sich in einer bereits vorhandenen finanziellen Infrastruktur einen geeigneten Platz suchen. Dazu muß sie den informellen Finanzsektor kennen.

Formelle Finanzinstitutionen können schließlich versuchen, informelle Finanzinstitutionen für die Mittelmobilisierung und für die Erreichung der Zielgruppen zu instrumentalisieren. Spar- und Kreditvereinen kann die zinsbringende Mittelanlage und die Kreditaufnahme ermöglicht werden. Diese Öffnung des formellen Finanzsektors für informelle Gruppen wurde oben bereits als eine Form der Förderung angesprochen. Sie ist, wie dargelegt wurde, aus der Sicht der informellen Finanzinstitutionen nicht generell, sondern nur unter günstigen Rahmenbedingungen vorteilhaft.

Die Mobilisierung von Ersparnissen informeller Selbsthilfegruppen ist aus der Sicht der formellen Institution, z.B. einer Bank, kein Problem; sie kann Einlagen auch von nicht rechtsfähigen Gruppen annehmen. Schwierig ist die Situation nur, wenn einzelne Gruppenmitglieder ihre Einlage nicht von der Gruppe, sondern von der Bank zurückverlangen und insbesondere wenn die Gruppe sich auflöst. Selbst das Passivgeschäft mit Gruppen erfordert daher, daß die Bank die Struktur der informellen Gruppen und - wenigstens dem Prinzip nach - die Ansprüche der Mitglieder kennt. Spargruppen können bereits existierende Gruppen sein, oder sie können von der Bank oder von Dritten (siehe unten 3.4.3) ins Leben gerufen werden.

Die Anbindung von Gruppen an formelle Finanzinstitutionen zum Zweck der Mittelmobilisierung bzw. der Sparförderung kann außer über Gruppeneinlagen auch in anderer Weise erfolgen: Beispielsweise können Banken sich darum bemühen, daß die Mitglieder einer *ROSCA* dann, wenn sie die gesamten Einzahlungen eines Treffens erhalten, diesen Betrag ganz oder weitgehend als formelle Ersparnisse anlegen. Gruppen können auch als "Transporteure" aus abgelegenen Regionen zur Bank fungieren und Einlagen ihrer Mitglieder auf individuellen Konten vornehmen.

Die Instrumentalisierung des informellen Sektors im Kreditgeschäft kann erfolgen

- durch Kredite an Gruppen zur gemeinsamen Verwendung,
- durch Kredite an Gruppen zur Weiterleitung an die Mitglieder und
- durch kollektive Haftung der Gruppen für Kredite, die einzelnen Mitgliedern gewährt werden.

Die Gruppen können bereits existierende Gruppen sein oder im Rahmen des Kreditprogramms geschaffen werden. In allen drei Erscheinungsformen haben Kreditgruppen die Funktion, die administrativen Kosten der Kreditvergabe zu senken, die Risiken für den Kreditgeber durch die gemeinsame Haftung und durch den sozialen Druck auf die Mitglieder und durch die gegenseitige Hilfe zu verringern und zugleich dem einzelnen Mitglied den Kreditzugang zu ermöglichen und ihn in Extremsituationen von der Haftung zu entlasten. Gruppenkreditprogramme bauen auf der Solidarität und dem ökonomischen Interesse der Beteiligten auf. Beide Motive müssen miteinander im Einklang stehen: Es muß sich lohnen, solidarisch zu sein.

Gruppenkreditprogramme erfordern in aller Regel sehr weitgehende "Investitionen" der kreditvergebenden Stelle - oder von dritter Seite - in den Aufbau stabiler und funktionsfähiger Gruppen. Doch diese Vorleistungen machen sich bezahlt. In Lateinamerika, wo in den 70er Jahren sehr ausführliche Versuche mit dem Gruppen- oder *solidarios*-Konzept gemacht worden sind, wurden zum Teil gute Ergebnisse erzielt. Das Gruppenkonzept entspricht weitgehend den traditionellen Formen der Solidarität. Es ist daher auch besonders in ländlichen Gebieten mit intakten Sozialstrukturen erfolgversprechend. Eine notwendige, aber nicht hinreichende Bedingung für den Erfolg der Kreditvergabe an Gruppen oder mit Gruppenhaftung ist, daß die Gemeinsamkeit der Mitglieder über das gemeinsame Interesse am Zugang aller oder einzelner Mitglieder zum formellen Finanzsektor hinausgeht. Obwohl das Gruppen- oder *solidarios*-Konzept in vielen Situationen die geeignete Form der Verbindung von formellem und informellem Sektor ist, darf es nicht überschätzt werden.

Bei dem Versuch, bereits bestehende Gruppen zu Kredit- oder Haftungsgruppen zu machen, muß bedacht werden, daß externe Interventionen die Gruppen, die häufig wichtige soziale Funktionen erfüllen, destabilisieren können. Anders als bei neu gebildeten Gruppen können aus diesem Grunde die Mitglieder nach einem Fehlschlag des Versuchs einer Verknüpfung von formellem und informellem Finanzsektor schlechter gestellt sein als vorher. Für Experimente, die zulasten der ärmeren ländlichen Bevölkerung und ihrer eigenen Institutionen ausgehen können, gibt es sehr enge Grenzen. Allen von außen kommenden Eingriffen muß eine sehr sorgfältige Analyse der gegebenen Situation und insbesondere des informellen Finanzmarktes und der sozio-kulturellen Rahmenbedingungen vorausgehen. Die Betroffenen sind bereits in die Planung einzubeziehen.

Eine weitere Möglichkeit der Instrumentalisierung informeller Finanzmärkte durch formelle Finanzinstitutionen scheint die Einbeziehung von - vorher unabhängigen - Geldverleihern in die Kreditvergabe formeller Banken in einer Vermittlerfunktion ohne eigene Haftung zu sein. Diese Möglichkeit ist in asiatischen Ländern vor einigen Jahren experimentell erprobt worden. Die Erwartung war gewesen, daß die Geldverleiher mit dem Geld der Bank genauso flexibel und vorsichtig umgehen würden wie mit eigenem und die Zielgruppen erreichen und versorgen würden. Die Erwartung war falsch gewesen, das Experiment kann als gescheitert gelten.

3.4.3 Hilfsaktoren

Außer den Haushalten und Betrieben als Nachfragern und den informellen und formellen Finanzinstitutionen als Anbietern gehören zum
Ländlichen Finanzwesen auch die sogenannten Hilfsaktoren. Damit sind
Personen und Institutionen gemeint, die die Finanzbeziehungen zwischen
ländlichen Wirtschaftseinheiten (im folgenden: LWE), den informellen
Finanzinstitutionen (IFI) und den formellen Finanzinstitutionen (FFI)
erleichtern oder sogar erst möglich machen, ohne selbst Einlagen anzunehmen oder Kredite zu gewähren. Es steht zu vermuten, daß gerade für
die Zielgruppen der ärmeren ländlichen Bevölkerung die Hilfsaktoren
sehr wichtig sind.

Der Kreis der Hilfsaktoren ist schwer abzugrenzen und umfaßt sehr
verschiedene Personen und Institutionen mit sehr unterschiedlichen
Funktionen. Viele Diskussionen über die mögliche Rolle von Hilfsaktoren für das Ländliche Finanzwesen scheitern bereits daran, daß das
weite Spektrum nicht erkennbar und überschaubar ist. Um diese
Schwierigkeit zu vermeiden, wird im folgenden eine Systematik vorge-
schlagen, die sich an der Struktur der ländlichen Finanzbeziehung orientiert. Die Grundlage ist die Abbildung 3 auf der nächsten Seite. Darin
bezeichnen die Kästchen die "Hauptaktoren" LWE, IFI, FFI und ZI
(Zentralinstitutionen wie - städtische - Bankzentralen, Genossenschaftliche Zentralkassen und die Zentralbank), und die durch Buchstaben ge-
kennzeichneten *Linien* bezeichnen Finanzbeziehungen zwischen ihnen.
Die folgenden Erläuterungen für die Finanzbeziehungen sind nur als
Beispiele zu verstehen:

A: ein direkter Kredit - in Geld- oder Güterform - zwischen zwei LWE
   oder ein Akt der Nachbarschaftshilfe in Erwartung späterer Gegenleistung,

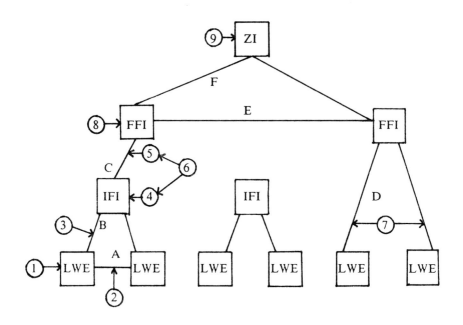

Abb. 3: Ländliche Finanzbeziehungen und Hilfsaktoren

Symbole:

Hauptaktoren

LWE = ländliche Wirtschaftseinheiten (Betriebe/Haushalte)
IFI   = ländliche informelle Finanzinstitutionen
FFI = ländliche formelle Finanzinstitutionen
ZI   = (städtische) Zentralinstitutionen (Bankzentralen, Zentralbank)

Buchstaben: Finanzbeziehungen zwischen Hauptaktoren
Ziffern: Arten und Funktionen von Hilfsaktoren

108

B: eine Einlage bei oder ein Kredit von einem Spar- und Kreditverein, die Teilnahme an einer *ROSCA* oder ein Kredit von einem Geldverleiher,

C: Geldanlage oder Refinanzierung des informellen beim formellen Finanzsystem, einschließlich Gruppenkredit,

D: Spareinlage oder Kredit eines Bauern oder Handwerkers bei einer ländlichen Bank oder Bankfiliale oder Genossenschaft,

E: Anlage von Überschüssen, Refinanzierung oder Liquiditätsausgleich zwischen ländlichen FFI,

F: dgl., aber mit städtischem Zentralinstitut.

Die Ziffern in den Kreisen zeigen die wichtigsten <u>Arten von Hilfsaktoren</u> und wo diese mit ihren Aktivitäten ansetzen: entweder wie 1, 4, 8 und 9 bei den "Hauptaktoren" oder wie 2, 3, 5 und 7 bei den Finanzbeziehungen zwischen ihnen selbst. 6 hat eine Sonderstellung. Die Beschreibung erfolgt auch nur exemplarisch.

Die Hilfsaktoren, die die mit 1, 4, 8 und 9 bezeichnete betriebsbezogene Förderung oder "institution building" betreiben, können sein:

1: ein staatlicher Beratungsdienst oder eine NRO, die Bauern oder Handwerker in die Lage versetzt, besser zu wirtschaften, Überschüsse zu erzielen und Kredite zu verwenden und zurückzuzahlen. Zu 1 gehört auch der Händler, der Saatgut verkauft oder die Ernte aufkauft;

4: staatliche Stellen und - häufiger - NROs, die IFI vom Typ der Selbsthilfegruppen mit Ausbildung und Beratung unterstützen. Dazu gehören z.b. die in Lateinamerika verbreiteten und einflußreichen privaten "Entwicklungsstiftungen", in Afrika Selbsthilfeförderungsgruppen, die im Rahmen der kirchlichen Sozialarbeit tätig sind, und Ausbildungsstätten für Selbsthilfegruppen wie z.b. das "Institut panafricain de développement" in Douala.

8: Staatliche Genossenschaftsberater, Genossenschaftsverbände einschließlich der nationalen und übernationalen Verbände der *credit unions (AFRACA, APRACA, WOCCU)*, Bankenverbände und Bankakademien sowie Beratungs- und Prüfungsunternehmen;

9: wie 8, sowie Berater bei Bankzentralen und Zentralbanken.

Nicht selten erfüllen die in der Abbildung höher angeordneten Institutionen auch Ausbildungs-, Beratungs- und Kontrollfunktionen für die darunter angeordneten.

Die zweite Gruppe von Hilfsaktoren, die unmittelbar bei den Finanzbeziehungen ansetzen, ist noch heterogener. Sie umfaßt:

2 und 3: Lokale Autoritäten, die ihren Einfluß geltend machen können, daß ein Kreditnehmer einen Kredit erhält und zurückzahlt, daß ein Mitglied eines *"groupement de travail"* oder einer *"tontine"* seine Verpflichtungen erfüllt oder daß ein Geldverleiher seine Macht nicht mißbraucht. Diese Hilfsaktoren sind als informelle Formen von Notar, Landgericht und Bankaufsicht zu werten. Sie machen informelle Finanzbeziehungen risikoärmer und damit leichter;

5 und 7: Vermittler, Berater und Kontrolleure: "Respektspersonen" können die Kreditwürdigkeit von informellen Gruppen (5) und

Einzelpersonen (7) bei FFI durch ihre Fürsprache bestätigen und diese dazu veranlassen, Zugangssperren zu lockern. Sie können Vermittler und "*change agents*" sein. Unabhängige oder staatliche Berater können Banken Teile der Kreditwürdigkeitsprüfung abnehmen, die diese überfordern würden. Hilfsaktoren sind nicht nur im Aktiv-, sondern auch im Passivgeschäft wichtig, denn eine wesentliche Voraussetzung für das Passivgeschäft der FFI ist deren anerkannte Seriosität. Hier sind als Hilfsaktoren in erster Linie genossenschaftliche (Prüfungs-) Verbände überaus wichtig, die zur Einlagensicherung beitragen. Das positive Beispiel von CamCCUL aus Kamerun zeigt dies ebenso wie die Geschichte der deutschen Genossenschaftsbanken.

Die Hilfsaktoren 1, 4 und 8 fördern natürlich indirekt auch die Finanzbeziehungen, an denen die LWE und die IFI und FFI beteiligt sind: Je stabiler und leistungsfähiger die Betriebe/Haushalte und die Finanzinstitutionen sind, um so besser können sie Einlagen bilden und Kredite aufnehmen, verwenden und zurückzahlen bzw. Einlagen annehmen und Kredite gewähren.

Man kann zu den Hilfsaktoren wie 2, 3, 5 und 7 auch diejenigen rechnen, die Kredite oder Einlagen absichern, indem sie Risiken übernehmen: Bürgen, Haftungsgruppen, Kreditgemeinschaften, Kreditgarantiefonds, Kreditversicherungen, Avale oder Garantien gebende FFI und Einlagenversicherungen. Zweifellos erleichtern sie die gesicherten Finanzbeziehungen. Diese "Hilfsaktoren" sind schon an früherer Stelle erörtert worden, da die Risikoübernahme selbst eine Finanzleistung darstellt.

In der Aufzählung fehlen noch die sehr wichtigen "Hilfsaktoren zweiten Grades", (Nr. 6 in der Abbildung auf S. 103). Sie richten sich an Hilfsaktoren (4 oder 5), die ihrerseits Selbsthilfebemühungen unterstützen. Dazu ein Beispiel: In einem kenianischen Landstädtchen gibt es acht Selbsthilfegruppen sehr armer Frauen, die auch Gruppenkredite beantragen wollen. Eine aus Mitgliedern der lokalen Kirchengemeinde gebildete NRO will als "Hilfsaktor" die Selbsthilfegruppen unterstützen. Die Einschaltung der Kirchengruppe ist wegen ihrer Beziehungen und der örtlichen Nähe sehr wertvoll. Aber NROs dieser Art sind nicht notwendigerweise besonders qualifiziert und geübt, die Selbsthilfegruppen im Umgang mit Kredit und mit formellen Finanzinstitutionen anzuleiten. Sie brauchen - nach den Erfahrungen in Kenia und vielen anderen Ländern - selbst Anleitung darin, wie man Selbsthilfegruppen gerade bei Finanzbeziehungen unterstützt. In Kenia bekommen sie diese Hilfe von einer Organisation mit Sitz in der Hauptstadt, die zwar das Know-How besitzt, aber viel zu weit entfernt wäre, um selbst die Frauengruppen anleiten zu können.

Der knappe Überblick zeigt die Vielfalt und die Bedeutung von Hilfsaktoren für die Zielgruppen und für die Finanzinstitutionen. So, wie die meisten formellen Finanzinstitutionen in ländlichen Räumen von Entwicklungsländern ausgestattet sind und arbeiten, sind Hilfsaktoren sehr wichtig. Das ist nicht notwendigerweise so, denn Finanzinstitutionen könnten durchaus einige der Funktionen, insb. Beratung, Ausbildung, Prüfung, Risikoübernahme, erfüllen, die gegenwärtig von Hilfsaktoren - oder in vielen Fällen überhaupt nicht - übernommen werden. Wichtig ist, welche Funktionen erfüllt werden, weniger wichtig ist, wer es tut.

Entwicklungspolitisch interessant sind die Hilfsaktoren nicht nur wegen der Bedeutung ihrer Tätigkeit für die Zielgruppen, die die deutsche Technische Zusammenarbeit besonders fördern will, sondern auch weil sie Ansatzpunkte für zielgruppenorientierte Maßnahmen im Bereich des Ländlichen Finanzwesens erkennen lassen. Darauf ist im nächsten Kapitel noch einzugehen.

So wertvoll ihre Tätigkeit in vielen Fällen ist, darf nicht übersehen werden, daß die Rolle von Hilfsaktoren auch problematisch sein kann: Natürlich gibt es Hilfsaktoren wie z.b. staatliche Beratungsdienste in einigen Ländern, deren positives Votum zur Voraussetzung für die Kreditvergabe gemacht wird und die dadurch neue Abhängigkeiten schaffen oder sachlich wenig kompetente Ratschläge geben oder sogar eine spezielle Anhängerschaft begünstigen. Es läßt sich auch in einigen Ländern ein nicht unproblematischer Einfluß von "Hilfsaktoren" darauf feststellen, wohin staatliche und ausländische Förderungsmittel fließen. Hilfsaktoren bzw. die in ihnen arbeitenden Menschen haben auch ihre persönlichen Interessen und Ziele, die sich nicht in jedem Falle mit denen der Zielgruppen decken.

4. Die Förderung des Ländlichen Finanzwesens durch deutsche Technische Zusammenarbeit

4.1 Die zu lösenden Probleme in der Praxis

Wie kann die von der Regierung der Bundesrepublik Deutschland getragene Entwicklungshilfe, insbesondere die staatliche Technische Zusammenarbeit, konkret zu einer Verbesserung des Ländlichen Finanzwesens in Entwicklungsländern beitragen? Die zentralen Fragen lauten:

- An welchen Stellen können Maßnahmen ansetzen (Abschnitt 4.2)?
- Welche Förderungsinstrumente stehen zur Verfügung (Abschnitt 4.3)?
- Wie können Projekte und Programme entwicklungspolitisch implementiert werden (Abschnitt 4.4)?

Früher schien es leicht, diese Fragen zu beantworten, solange man noch glauben konnte, daß die wesentlichen Engpässe der ländlichen Entwicklung der Mangel an kurz- und langfristigem Kapital und an leistungsfähigen Institutionen zu dessen Durchleitung waren. Ansatzpunkte waren in jedem Falle formelle Finanzinstitutionen, Instrumente waren externe Bereitstellung von Kreditfonds und Beratung. Die Finanzielle Zusammenarbeit (FZ) hatte Entwicklungsbanken zu refinanzieren, und die Technische Zusammenarbeit (TZ) hatte sie durch bankbetriebliche und entwicklungspolitische Beratung und Ausbildung zu qualifizieren. Es boten sich genau dort Ansatzmöglichkeiten, wo der Engpaß vermutet wurde, und die Instrumente schienen zu den Problemen zu passen.

Heute muß man den Zusammenhang zwischen Engpässen, Ansatzpunkten und Instrumenten anders sehen:

- Die wichtigsten Engpässe sind nur noch partiell bei den vom Ausland her leicht erreichbaren Institutionen, den Entwicklungsbanken, zu suchen; sie liegen vielmehr vor allem bei den Finanzdispositionen der ländlichen Haushalte und Betriebe und bei der Leistungsfähigkeit und Stabilität von zielgruppennahen formellen und informellen Finanzinstitutionen auf dem Lande.

- Geeignete Ansatzpunkte für deutsche Förderungsmaßnahmen sind nicht leicht zu finden, denn sie sollen möglichst nahe bei den Zielgruppen liegen. Zwar wird nur in Ausnahmefällen ein deutscher Berater auf dem kleinbäuerlichen Hof, beim dörflichen Spar- und Kreditverein oder bei der lokalen Spar- und Kreditgenossenschaft auftreten können, aber ein deutsches Projekt kann und soll darauf hinwirken, daß Berater, die das Projekt selbst anstellt oder die von lokalen NROs gestellt werden, direkt bei der Zielgruppen tätig werden.

- Die ländliche finanzielle Infrastruktur soll auf sehr vielfältige Anliegen und Bedürfnisse reagieren können. Dem herkömmlicherweise zentralen Instrument, dem Kredit zur Refinanzierung, kommt gerade bei dezentralen und zielgruppennahen Finanzinstitutionen nur insoweit eine Bedeutung zu, als es die Sammlung von Einlagen als eine zentrale Aufgabe solcher Institutionen ergänzt, aber nicht ersetzt.

Es stellt also eine Herausforderung dar, genau dort, wo Engpässe und Förderungsbedarf bestehen, auch Ansatzpunkte für den Einsatz geeigneter Instrumente zu finden. Damit wird auch das Problem der Planung und Implementierung komplizierter. Heute verlangt die Förderung des Ländlichen Finanzwesens mehr entwicklungspolitische Phantasie und mehr Kenntnis sozialer Strukturen als je zuvor!

4.2 Ansatzpunkte und Projektträger

Förderungsmaßnahmen müssen nicht nur geeignete Ansatzpunkte haben
- z.B.: Wer wird beraten oder ausgebildet? -, sondern sie brauchen auch
eine institutionelle Verankerung im Partnerland: Welche Institution ist
Projektträger? Wo wird ein Berater angesiedelt? Welche Stelle führt mit
deutscher Unterstützung ein Ausbildungsprojekt durch? Soll als Projektträger eine Finanzinstitution oder eine Selbsthilfeförderungseinrichtung
oder eine staatliche programmführende Stelle außerhalb des Finanzsektors gewählt werden? Aus administrativen und entwicklungspolitischen
Gründen wäre es günstig, wenn Ansatzpunkte und Projektträger über-
einstimmten. Aber dies ist nicht immer realisierbar.

Denkbare Ansatzpunkte für Förderungsmaßnahmen lassen sich in fünf
Hauptgruppen einteilen:

(1) wirtschaftspolitische, Entwicklungsprogramme "von oben" anbietende
    und/oder die Rahmenbedingungen gestaltende Institutionen, wie Mi-
    nisterien, Zentralbank, Bankenaufsicht,
(2) mit den Zielgruppen direkt in Kontakt tretende formelle Finanz-
    institutionen,
(3) Hilfsaktoren der verschiedensten Art wie Beratungsdienste, Selbst-
    hilfeförderungseinrichtungen incl. genossenschaftliche Prüfungsver-
    bände,
(4) informelle Finanzinstitutionen,
(5) die Zielgruppen selbst.

Die typischen Ansatzpunkte und oft zugleich Projektträger sind staatliche wirtschaftspolitische Instanzen, staatliche, kommunale und genossenschaftliche Finanzinstitutionen und die vielfältigen Hilfsaktoren. Sie
alle sind dem formellen Sektor zugehörig. Auch die Zielgruppen selbst

bieten Ansatzpunkte für eine direkte deutsche Förderung. Dies ist beispielsweise der Fall, wenn im Rahmen eines LRE-Projekts ein deutscher
Berater oder dessen lokale Mitarbeiter eine Kredit- und Spargruppe in
Gang bringen und sie evtl. auch ausbilden. Auch informelle Finanzinstitutionen kommen als Ansatzpunkte in Betracht. Dabei kann die
deutsche TZ sich lokaler NRO und der Freiwilligendienste wie des DED
bedienen. Eine direkte Entsendung eines deutschen Experten zur Zielgruppe und zu informellen Finanzinstitutionen ist zwar in der Regel
nicht möglich und nicht sinnvoll, aber ein Berater bei einem Genossenschaftsverband oder einer Regionalbank könnte durchaus die Fortbildung
von Mitgliedern informeller Finanzinstitutionen zu seiner Aufgabe machen. Die Zielgruppen selbst und informelle Finanzinstitutionen können
aber nur selten die Rolle eines Projektträgers erfüllen.

TZ-Maßnahmen wie Beratung oder Ausbildung lassen sich mindestens
dem Schwerpunkt nach in zwei Komponenten zerlegen: in die Institutio-
nenstärkung, insbesondere den Aufbau dezentraler Banksysteme (*"institution buildung"*), und in die (direkte) Zielgruppenförderung, z.B. durch
Ausbau eines zielgruppenorientierten Leistungspakets:

- Die Stärkung der jeweiligen Institution soll deren Fähigkeit, den Zielgruppen zu nützen, verbessern. Die Institutionen müssen aber zumindest indirekt zielgruppenrelevant sein, um als förderungswürdig einge-
  stuft zu werden.

- In und mit dem Projektträger aus dem formellen Bereich können die
  Zielgruppen der ärmeren ländlichen Bevölkerung aber auch direkt -
  ohne den "Umweg" der Stärkung der Trägerinstitution - unterstützt
  werden: Ein deutsche Berater im Agrarministerium kann darauf hinar-
  beiten, daß Kakaovermarktungsgenossenschaften auch eine Finanz-
  funktion übernehmen können. Eine Ausbildungsmaßnahme bei einer

staatlichen Agrarbank kann die Bereitschaft der Filialleiter verstärken, Gruppenbürgschaften als Sicherung zu akzeptieren. Ferner können deutsche Experten bei einem regionalen Genossenschaftsverband als Berater und Revisoren arbeiten. Ihre Tätigkeit erhöht mittelfristig das Sparaufkommen, weil das Vertrauen in die genossenschaftlichen Finanzinstitutionen zunimmt.

Auch wenn es nicht einfach ist, bei den Zielgruppen selbst und bei informellen Finanzinstitutionen direkte Ansatzpunkte zu finden, kann eine Förderung des Ländlichen Finanzwesens also durchaus an ihren Interessen orientiert sein.

Konkrete Projekte lassen sich danach kennzeichnen, bei welcher Art von Träger sie angesiedelt sind, auf welcher Ebene sie ansetzen und welches relative Gewicht die Aufgaben des *institution building* und der direkten Zielgruppenförderung haben. Die folgende Abbildung faßt diese Einordnung, die die bisherige Praxis reflektiert, zusammen:

| | Projekt-
träger | Ansatz-
punkt | Aufgabenbereiche: | |
			Inst.building	ZG-Förderung
wirt.-pol. Institutionen	häufig	häufig	eher wenig	eher stark
formelle Fin.Inst.	häufig	häufig	eher stark	eher wenig
Hilfsaktoren	häufig	häufig	stark	stark
informelle Fin.Inst.	fast nie	selten	eher wenig	eher stark
Zielgruppe(n)	fast nie	selten	–	

Abb. 4: Projektträger, Ansatzpunkte und Aufgaben

Durch die verstärkte Ausrichtung der deutschen TZ auf die Zielgruppen der ärmeren ländlichen Bevölkerung verschiebt sich das Gewicht der verschiedenen Trägerebenen von den herkömmlichen Entwicklungsbanken zu den infórmellen und den basisnahen formellen Finanzinstitutionen, den wirtschaftspolitischen Institutionen und den Hilfsaktoren. Die Förderung formeller Finanzinstitutionen wird nicht unwichtig, vielmehr sind sie als Instrument zur Durchdringung ländlicher Räume zu sehen und als solches zu stärken. Der Grund für diese Verschiebung ist die Schwierigkeit, bei den informellen Finanzinstitutionen und den Zielgruppen selbst anzusetzen und die Zielgruppen über formelle, nur in den städtischen Zentren sitzende Finanzinstitutionen zu erreichen. Auch der Gestaltung der Rahmenbedingungen und der Aktivität von Hilfsaktoren muß eine relativ größere Zielgruppenrelevanz zugesprochen werden.

Förderungsmaßnahmen auf der Ebene von <u>Ministerien, Behörden, Zentralbank und Bankenaufsicht</u> sollen zu günstigeren Rahmenbedingungen für die Ländliche Entwicklung, für das Ländliche Finanzwesen und für die Zielgruppe der ärmeren Landbevölkerung führen. Solche Förderungsmaßnahmen haben eine Schlüsselfunktion für alle weiterführenden Maßnahmen, durch die formelle und informelle Finanzinstitutionen und die Zielgruppen selbst gefördert werden sollen. Maßnahmen auf der wirtschaftspolitischen Trägerebene gehören zu den schwierigsten Aufgaben einer Entwicklung des Ländlichen Finanzwesens. Dies gilt nicht allein wegen der Komplexität der Aufgaben und der daraus folgenden hohen Anforderungen an die Beratung und Ausbildung, sondern vor allem aufgrund der Schwierigkeiten, tiefgreifende politische Entscheidungsprozesse sachgerecht zu beeinflussen. Trotzdem wird die wirtschaftspolitische Trägerebene wegen der Bedeutung der Rahmenbedingungen in Zukunft einen höheren Stellenwert als bisher innerhalb der deutschen TZ einnehmen müssen.

Bei der Auswahl eines Projektträgers aus dem Kreis der formellen Finanzinstitutionen stellt sich mitunter die Frage, ob eine Universal- oder eine Spezialbank zu bevorzugen ist. Hinsichtlich des Finanzbedarfs ist zweifellos eine Universalbank günstiger. Doch da Universalbanken in aller Regel teurer sind als Banken mit einem engeren Leistungsangebot, sind spezialisierte Banken in manchen Fällen eher bereit und fähig, kleine Filialen auf dem Lande einzurichten. Diesem Aspekt ist gegebenenfalls der Vorzug einzuräumen. Universal- und Spezialbanken werden in Entwicklungsländern manchmal nach dem Kundenkreis, statt - wie in Industrieländern - nach der Leistungspalette, unterschieden. So verstandene Spezialbanken für Kleinbetriebe haben aus der Sicht der Zielgruppe den Vorteil, daß es den Bankenmanagern nicht so leicht möglich ist, den Schwerpunkt der Bankaktivitäten auf ertragreiche Kunden außerhalb der Zielgruppen der ärmeren ländlichen Bevölkerung umzulenken.

In manchen Situationen stellt sich auch die Frage, ob wenig geeignet erscheinende, aber immerhin vorhandene Finanzinstitutionen als Partner gewählt werden sollen oder ob eher der mühsame Aufbau neuer Institutionen in Angriff genommen werden soll. Was vorteilhafter aus der Sicht der Zielgruppen ist, läßt sich naturgemäß nicht generell sagen. Vielfältige Erfahrungen belegen jedoch, daß es extrem schwierig ist, eine bestehende Institution auf eine neue Förderungskonzeption und auf eine neue Zielgruppe auszurichten. Als generelle Regel bei der Auswahl eines Projektträgers ist zu beachten, daß dieser bereit sein muß, sich für die Zielgruppen zu engagieren. Mit einer Institution, die von entgegengesetzten Interessengruppen, beispielsweise der Großbauern, beherrscht wird, läßt sich ein zielgruppenorientiertes Projekt, z.B. zur Förderung von Landarbeitern, nicht realisieren.

Auch die Frage, ob Maßnahmen zur Förderung des Ländlichen Finanzwesens eher "oben" bei wirtschaftspolitischen Institutionen oder
"unten" bei basisnahen Finanzinstitutionen ansetzen sollen, läßt sich nicht
allgemein beantworten. Es empfiehlt sich, die "top down-" mit der
"bottom-up-Strategie" zu einer "bipolaren Strategie" zu verbinden. Das
kann auch institutionell dadurch verankert werden, daß nicht eine, sondern mehrere Institutionen auf verschiedenen Ebenen - z.b. ein Sparkassenverband und einzelne Sparkassen - als Träger für einzelne Projektteile fungieren. Eine Alternative dazu ist die Eingliederung eines
Beraters, der z.b. bei einer regionalen Entwicklungsbank als dem Projektträger sitzt, in ein übergeordnetes Koordinationsgremium wie z.b.
eine Entwicklungskommission auf Provinzebene.

4.3 Förderungsinstrumente

Die deutsche Technische Zusammenarbeit verfügt über vier Instrumente
zur Entwicklung des Ländlichen Finanzwesens:

- Beratung als zeitlich begrenzter Einsatz von qualifizierten deutschen
  Fachleuten im Ausland,
- Aus- und Fortbildungsmaßnahmen im Gastland, die von deutscher
  Seite geplant, finanziert und/oder durchgeführt werden,
- Finanzmittel, die beratungsbegleitende Maßnahmen finanzieren, angegliederte Aus- und Fortbildungsmaßnahmen unterstützen oder in Form
  offener Fonds als eigenes Instrument eingesetzt werden,
- Publikationen, Studien, Begleitforschung u.ä.

Je nach den lokalen Verhältnissen können die Instrumente einzeln oder
im Verbund eingesetzt werden.

4.3.1 Beratung

Beratung ist das wichtigste Instrument der TZ. Der Einsatz von Beratern kann je nach Trägerinstitution und deren Funktionen in Stabstellen erfolgen, was eher dem Subsidiaritätsprinzip der TZ entspricht und zugleich inhaltlich vielfältigere Einsatzmöglichkeiten eröffnet, oder in Linienpositionen, was insb. bei jungen Partnerinstitionen häufig nötig ist und von diesen auch gewünscht wird. Die Arbeit des Beraters kann stärker auf interne Probleme der jeweiligen Institution (*institution building*), z.b. durch organisatorische Verbesserungen im Rechnungswesen einer Entwicklungsbank, oder auf die Förderung der Zielgruppen, z.b. durch Beratung einzelner Kreditnehmer einer ländlichen Sparkasse, abzielen. Berater sollten überall dort eingesetzt werden, wo ein Wandel in Richtung auf eine stärkere Zielgruppenorientierung erreicht oder stabiliert werden soll und kann.

Als Formen der Beratung lassen sich die Langzeit- und die Kurzzeitberatung unterscheiden. Sie haben verschiedene Aufgabenschwerpunkte.

Langzeitberatung ist vor allem beim Auf- und Ausbau von Finanzinstitutionen und Hilfsaktoren angebracht. Dies schließt auch die Vorbereitung und Planung von Aus- und Fortbildungsmaßnahmen für Bankpersonal, die Erarbeitung von Kreditvergaberichtlinien, die Konzeption und die Hilfe bei der Durchführung von Kleinkredit- und Kleinsparprogrammen, die Entwicklung von bankbetrieblichen Werbestrategien und das Monitoring und die Evaluierung von Projekten und Programmen ein. Weitere Aufgaben, die tendenziell eher von der Langzeitberatung wahrgenommen werden können, bestehen in der Planung und eventuell in der Durchführung von Aus- und Fortbildungsprogrammen für die Zielgruppen und für Personen, die nicht zur Trägerinstitution gehören, und in der Politikberatung im engeren und weiteren Sinne. Politikberatung im engeren Sinne ist vor allem die Aufgabe von Regierungsberatern; sie betrifft die von der Partnerinstitution verfolgte materielle Politik z.B. hinsichtlich der Regionalplanung. Politikberatung im weiteren Sinne betrifft die "Geschäftspolitik" der Partnerinstitution, z.B. einer Entwicklungsbank.

Kurzzeitberatung eignet sich besonders bei Einzelproblemen, die den Einsatz von spezifischem Know-how erfordern, wie zum Beispiel bei der Erarbeitung von Studien und Gutachten zu bankbetrieblichen oder entwicklungspolitischen Fragen oder bei der Beratung zu spezifischen, begrenzten Aufgabengebieten im Bereich des "institution building", der Evaluierung und der Politikberatung.

Die Beratungsinhalte unterscheiden sich stark in Abhängigkeit von den Aufgaben der Trägerinstitution. Bei wirtschaftspolitischen Instanzen stehen Fragen der Geld-, Finanz- und Währungspolitik und speziell der Bankpolitik im Vordergrund. Bei Finanzinstitutionen des formellen Sektors kann sich ein Berater - je nach den festgestellten Schwachpunkten und den festgelegten Prioritäten - mehr mit geschäftspolitischen Aufgaben oder mehr mit Aufgaben auf der operativen Ebene befassen. Letztere umfaßt Management und Controlling (Rechnungswesen und Planung), Kreditvergabe und -verwaltung, das Einlagengeschäft und die Koordination innerhalb von Verbundsystemen. Die Spannweite der sinnvollen Aufgabenstellungen bei den Hilfsaktoren ist notwendigerweise sehr weit; sie reicht von versicherungsmathematischen Berechnungen bei Kreditsicherungseinrichtungen bis zur Ausgestaltung der Lehrwerkstätten von Beratungsdiensten. Die aufgezählten Beispiele sind beliebig fortsetzbar, und die Aufgabenfelder sollten auch nicht abschließend festgelegt werden. Ein guter Berater muß seine Arbeitsfelder je nach der gegebenen Situation selbst festlegen, und er muß für neue Aufgaben offen sein.

Die Rolle eines Beraters besteht nicht allein in der Vermittlung von technischen Kenntnissen und Fertigkeiten, sondern auch in der Durchsetzung institutioneller Effizienz und in der Einübung von Verhaltensmustern, die den gesetzten Zielen entsprechen. Dabei sollen nicht Effizienzvorstellungen bzw. Verhaltensmuster europäischer Prägung übertragen werden, vielmehr müssen operationale Maßstäbe erarbeitet, vermittelt und eingeübt werden, die unter den gegebenen lokalen Verhältnissen ein dauerhaftes Funktionieren der jeweils beratenen Institution gewährleisten.

Der Beratereinsatz beinhaltet auch grundsätzliche Probleme: Berater füllen zwar Lücken in den betreffenden Institutionen aus, aber sie ersparen bzw. reduzieren zugleich notwendige Eigenanstrengungen. Dadurch können sie Wandlungsprozesse sowohl beschleunigen als auch behindern. Um Eigenanstrengungen möglichst wenig zu verdrängen, um erzielte positive Ergebnisse nachhaltig zu stabilisieren und um eine selbsttragende Entwicklung nach Beratungsabschluß zu erreichen, muß daher in jedem Falle qualifiziertes lokales Personal als Counterpart mit dem Berater zusammenarbeiten, die Beratungsinhalte akzeptieren und noch vor dessen Ausscheiden seine Funktion übernehmen. Ein guter Berater wird sich selbst überflüssig machen! Diese Anforderung ist für aktive, engagierte Berater eine fast übermenschliche Aufgabe, zumal sie den üblichen Normen des Berufslebens widerspricht. Das Spannungsverhältnis zwischen Gebraucht-Werden und Sich-Überflüssig-Machen kann gemildert werden, wenn der Beratereinsatz von vornherein zeitlich begrenzt wird.

Im Konflikt zwischen der bisherigen Praxis und der neuen Zielgruppenorientierung kommt dem Berater eine wichtige Rolle zu: Er kann innerhalb einer formellen Finanzinstitution auf die Beachtung der Zielgruppeninteressen dringen und zielgruppenorientierte Finanzinstitutionen gegenüber übergeordneten Institutionen unterstützen. So kann er beispielsweise

- als Regierungsberater politische Rahmenbedingungen etwa durch Mitarbeit bei der Planaufstellung und der Vorbereitung von Gesetzen im Zielgruppeninteresse mitgestalten,
- als Bankberater Kleinkreditprogramme entwickeln, die nicht auf dinglichen Sicherheiten basieren,
- als Mitarbeiter in einem Bankenverband Informationen und Analysen über die Möglichkeiten zu ländlichen Bankengründungen erarbeiten und verbreiten,
- die Kooperation von Beratungsdiensten und Banken im Hinblick auf die Zielgruppen verbessern,
- die Orientierung an den ärmeren ländlichen Zielgruppen in der jeweiligen Institution propagieren und institutionell verankern.

4.3.2 Aus- und Fortbildungsmaßnahmen

Dieses Instrument hat unterschiedliche Aufgabenstellungen, je nachdem ob es bei Trägerinstitutionen eingesetzt wird oder Maßnahmen direkt bei den und für die Zielgruppen und ihren Selbsthilfegruppen beinhaltet. Aus- und Fortbildung bei Trägerinstitutionen soll die organisatorischen, administrativen, finanztechnischen und bankwirtschaftlichen Kenntnisse und Fertigkeiten des Personals verbessern und damit die institutionelle Stabilität und langfristig die Fähigkeit zu Leistungen für die Zielgruppen erhöhen.

Damit soll auch eine Schulung in Richtung auf stärkere soziale Orientierung verbunden werden. In vielen Fällen kann es durchaus nötig sein, die Gruppen der ländlichen Armen als "Nachfrager" nach den Leistungen staatlicher Stellen und formeller Finanzinstitutionen ins Bewußtsein zu rücken und Möglichkeiten zu ihrer Versorgung bekannt zu machen. Das Lernen durch Erfahrung und Praxis und das Lernen von bestimmten Inhalten sind dabei gleichermaßen wichtige Fortbildungsmethoden.

Typische Aus- und Fortbildungsmaßnahmen umfassen

- institutioneninterne oder betriebsbezogene Aus- und Fortbildung durch On-the-job-Training der Mitarbeiter in einer Behörde oder einer Bank, wozu auch lokale Bankfachleute, Rechtsanwälte, Manager und Beamte herangezogen werden können. Diese Form der Aus- und Fortbildung steht heute im Vordergrund;

- institutionenübergreifende Aus- und Fortbildung durch Ergänzung und Weiterführung der internen fachbezogenen Ausbildung in überbetrieblichen Aus- und Fortbildungseinrichtungen, in Bankakademien (die in vielen Ländern noch aufzubauen sind), Schulungszentren einzelner Verbände und in staatlichen Ausbildungsstätten;

- programmbezogene Aus- und Fortbildung etwa im Genossenschafts- und Sparkassenwesen. Sie soll besondere zielgruppenorientierte Ausbildungsinhalte in den Bereichen Sparförderung und Selbsthilfeförderung und im Verbands- und Genossenschaftswesen in praxisorientierter Form vermitteln;

- organisierten Erfahrungsaustausch mit Behörden oder Finanzinstitutionen im Lande oder in anderen Ländern, die ähnliche Aufgaben, Ziele und Probleme haben, für Führungskräfte mit Schlüsselpositionen;

- nicht eng fachbezogene Aus- und Fortbildung bei Institutionen oder Seminare für Führungskräfte in übergeordneten Institutionen, Verbänden und Entwicklungsbanken und speziell für Counterparts von Langzeitexperten.

Die Aus- und Fortbildung ist eine Ergänzung zur Beratung. Sie kann - effizienter und kostengünstiger als Individualberatung - Sachkenntnisse, Inhalte, Methoden und Fertigkeiten vermitteln und zur Professionalisierung von Trägerinstitutionen und mittelbar zur Förderung der Zielgruppen beitragen.

Eine unmittelbare Förderung der Zielbevölkerung kann mit Aus- und Fortbildungsmaßnahmen erreicht werden, die für Zielgruppenangehörige und Selbsthilfeorganisationen durchgeführt werden. Eine elementare Notwendigkeit für die Zielgruppen besteht in einigen Ländern im Erlernen des Umganges mit Geld und mit Kredit. Für die "Führer" von Selbsthilfegruppen steht eher das Erlernen einfacher finanztechnischer Methoden, wie Buchhaltung und Liquiditätsplanung, im Vordergrund.

Eine zweite, wichtige Aufgabe der direkten zielgruppenorientierten Aus- und Fortbildung besteht darin, die Fähigkeit der Zielgruppen zur Artikulation ihrer Bedürfnisse zu verbessern. So können beispielsweise die Selbstorganisationsfähigkeit durch entsprechende Schulung verbessert, die weitverbreitete Scheu vor formellen Institutionen wie etwa Ämtern und Banken abgebaut und die Bereitschaft, berechtigte Ansprüche auch gegen Widerstand und Desinteresse durchzusetzen, gestärkt werden. Ein interessanter und vielversprechender Versuch in dieser Richtung wird derzeit in dem auch von der GTZ unterstützten "Small Farmers Development Project" in Nepal unternommen, bei dem gleichzeitig mit einer kreditwirtschaftlichen Förderung kleinbäuerlicher Betriebe die Selbstorganisation in kleinen Gruppen unterstützt wird. Ein Problem derartiger zielgruppenorientierter Aus- und Fortbildungsmaßnahmen kann darin bestehen, daß die vermittelten neuen Denkinhalte und Fähigkeiten etablierte lokale Machtstrukturen gefährden können und deshalb auf Widerstand stoßen.

4.3.3 Finanzmittel

Der Einsatz von Beratungspersonal wird in der Regel gekoppelt mit dem Einsatz von Finanzmitteln zur Finanzierung von begleitenden Maßnahmen, die neben der Deckung der Projektkosten vor allem dazu dienen, auf der Ebene des Projektträgers Maßnahmen in Gang zu setzen. Aus solchen Mitteln, die in der Projektplanung mit einem Mengengerüst festgelegt sind, können beispielsweise Lehrmaterial für banktechnische Ausbildungsmaßnahmen, lokale Mitarbeiter für Zielgruppenberatung, Pilotmaßnahmen, Analysen des Zielgruppenbedarfs, Werbemaßnahmen einer Bank für eine verbesserte Sparmobilisierung, Studien zur Einzelproblemlösung oder technisches Material wie etwa eine kleine Datenverarbeitungsanlage bezahlt werden. Derartige Mittel werden normalerweise aus TZ-Mitteln als deutsche Zuschüsse bereitgestellt. Eine gewisse finanzielle Selbstbeteiligung vor allem bei den Maßnahmen, die dem Projekträger zugute kommen, ist dennoch angebracht, um den Subventionscharakter zu mildern.

Daneben gibt es inzwischen auch offene, nicht durch ein Mengengerüst festgelegte Fonds. Fonds werden im allgemeinen eingerichtet, um auf ein flexibles Instrument zurückgreifen zu können, das kurzfristig auftretenden Anforderungen schnell Rechnung zu tragen erlaubt und umständliche Einzelbewilligungsverfahren vermeidet. Es lassen sich zwei Hauptgruppen von Fonds unterscheiden:

(1) Selbsthilfefonds zur Finanzierung von sogenannten vertrauensbilden-
den Maßnahmen und zur Selbsthilfeförderung. Sie sind direkt zielgruppenorientiert. Sie dienen dem Aufbau eines engen Kontakts mit
der Zielbevölkerung. Es werden Kleinstmaßnahmen für Selbsthilfeorganisationen, für Dörfer oder für kleine Gruppen, in der Regel mit
verlorenen Zuschüssen und später auf dem Kreditwege gefördert.
Letztlich sollen Selbsthilfemaßnahmen der Zielgruppen stimuliert
werden. Auch hier ist die Einbindung der geförderten Gruppen
durch eine finanzielle oder materielle Selbstbeteiligung, etwa in Form
einer Mitarbeit bei einem Brunnenbau, angebracht. Derartige Fonds
können der "Präqualifizierung" der Zielgruppen als Bankkunden dienen oder projektbegleitenden Charakter haben, etwa wenn eine Bank
in ihren eigenen Anstrengungen zum Aufbau von Zielgruppenkon-
takten unterstützt werden soll, oder sie können ein eigenständiges Instrument darstellen.

(2) Eine besondere Form der Fonds zum Zwecke der Ingangsetzung auf
Träger- und Zielgruppenebene stellen die Kreditfonds im weiteren
Sinne dar. Sie umfassen zwei Formen: Kreditfonds im engeren Sinne
sollen vorübergehend neugegründeten, zielgruppenorientierten Finanzinstitutionen ausleihbare Mittel zur Verfügung stellen, solange
deren eigenes Einlagengeschäft noch im Aufbau begriffen ist. Die
Mittel sollen in der Finanzinstitution bleiben oder auf eine andere
Förderungsinstitution übertragen werden, wenn sie zurückfließen. Sie
werden bei der begünstigten Institution zu Eigenkapital und können
dadurch revolvierend eingesetzt werden. Kreditgarantiefonds sollen
Kredite lokaler formeller Finanzinstitutionen an Zielgruppenangehörige durch die Übernahme von Bürgschaften besichern und somit die
Kreditversorgung verbessern. Auf die Schwierigkeiten, einen Kredit-
garantiefonds zu schaffen, der weder ungenutzt bleibt noch durch
Verluste aufgezehrt wird, wurde oben (Abschnitt 3.4.1.4) bereits hin-

gewiesen. Auf keinen Fall kann er das ganze Kreditrisiko übernehmen, die Bank muß immer beteiligt bleiben.

Sowohl Kreditgarantiefonds als auch Kreditfonds im engeren Sinne schaffen Anreize für die Begünstigsten, sie auszunutzen, wenn die Verbesserung der Kreditversorgung mit Subventionierung verbunden ist. Um dieses Problem zu vermeiden, ist darauf zu achten, daß Kreditfonds nicht mit Zinssubventionen verknüpft werden. Die Zinsen bei Kreditfonds i.e.S. bzw. die Risikoprämien bei den Kreditgarantiefonds sollten jedenfalls den Zinsen und den Risikoprämien entsprechen, die auf dem lokalen Kapitalmarkt ohne externe Eingriffe in Rechnung gestellt würden, wenn es diese Finanzleistungen gäbe.

Auch die institutionelle Anbindung von Kreditfonds ist mitunter problematisch, wenn die Kreditfonds nicht von Anfang an in das lokale Finanzsystem integriert sind bzw. ihre spätere Integration vorgesehen ist. Schließlich ist zu beachten, daß Kreditfonds - wie auch die Selbsthilfefonds - in einigen Fällen die Chancen der begünstigten Personen oder Personengruppen oder Dörfer, Mittelzuweisungen ihrer zuständigen staatlichen Instanzen z.B. für Infrastrukturmaßnahmen zu bekommen, so merklich verschlechtern, daß ein starker Anreiz besteht, - die vom Ausland kommenden Mittel schnell - und nicht immer sinnvoll zu verbrauchen.

Indem Kreditfonds den Mangel an verfügbarem lokalem Kreditangebot ausgleichen, verringern sie zugleich den ökonomischen Druck, ein solches Angebot entstehen zu lassen. Damit Eigenanstrengungen nicht reduziert oder gar überflüssig gemacht werden, sollten externe Kreditfonds - und der Tendenz nach auch die anderen Arten von Fonds - nur vorübergehend eingesetzt werden. Ihr dauerhafter Einsatz würde nur die gefährliche Politik der älteren Entwicklungsbankenförderung wiederholen. Fonds müssen sich wie Berater im Laufe der Zeit selbst überflüssig machen. Als zeitlich begrenztes Instrument zur gezielten Kompensation von präzise angebbaren Defiziten sind sie dennoch legitim und sinnvoll, wenn sie positive Entwicklungen anzustoßen, zu beschleunigen und zu stabilisieren vermögen.

4.4 Planung und entwicklungspolitische Implementierung

An welchen Stellen mit welchen Instrumenten der Versuch einer Förderung des Ländlichen Finanzwesens unternommen werden soll, hängt von den Voraussetzungen und entwicklungspolitischen Vorgaben im Partnerland und von den entwicklungspolitischen Leitlinien ab, die der deutschen TZ zugrunde liegen. Ehe Maßnahmen ergriffen werden, ist folgendes zu klären:

- Wie sind die <u>Zielgruppen</u>, denen die Maßnahmen letztlich nützen sollen, und - gegebenenfalls - die Implementalzielgruppen, auf die die Maßnahmen unmittelbar einwirken sollen, abgegrenzt? Wie ist ihre wirtschaftliche Lage?

- Welche eigenen <u>Potentiale</u>, die nur aktiviert zu werden brauchen, haben die Zielgruppen, und welchen <u>Bedarf</u> an Finanzleistungen weisen sie auf: Was können die Zielgruppen, und was brauchen und wollen sie?

- Wie ist die <u>Ausgangssituation</u>? Welche Elemente einer finanziellen Infrastruktur gibt es in der betreffenden Region bereits? Welche Rahmenbedingungen gelten für die Zielgruppen und für Finanzinstitutionen?

- Welche Organisationen oder Institutionen kommen als Partner und Träger eines zielgruppenrelevanten Projekts in Betracht?

- Welche Handlungsmöglichkeiten für eine deutsche Förderung der Zielgruppen lassen die politischen, wirtschaftlichen und sozialen Rahmenbedingungen zu?

Auch von deutscher Seite gibt es "constraints" inhaltlicher und administrativer Art, die zu berücksichtigen sind:

- Zu unterstützende Maßnahmen müssen den politischen und methodischen Vorstellungen über eine sinnvolle Förderung des Ländlichen Finanzwesens und über die zu begünstigenden Zielgruppen entsprechen.

- Die deutsche TZ hat auch finanzielle und personelle Beschränkungen zu beachten und ist in administrative Zwänge eingebunden, die die Kontaktmöglichkeiten mit dem informellen Sektor einschränken.

- Die staatliche deutsche TZ hat den Rahmen zu beachten, den ihr das jeweils geltende Regierungsabkommen läßt. (Auf die etwas anderen Situationen nichtstaatlicher deutscher Träger sei hier nur hingewiesen.)

Die Restriktionen auf beiden Seiten können so gravierend sein, daß ein sinnvolles Projekt nicht möglich ist. Bei der Projektvorbereitung und spätestens bei den Regierungsverhandlungen muß geklärt werden, ob sich ein Konsens über Zielgruppe, Projektziel, Projektträger, relevante Rahmenbedingungen und über die Leistungen *beider* Seiten finden läßt.

Genauer betrachtet sind schon bei der Projektvorbereitung und bei Regierungsverhandlungen sowie anschließend bei der Projektdurchführung vier Gruppen von Interessen zu unterscheiden:

- die der Regierung des Partnerlandes;

- die der Trägerinstitution, z.b. einer Entwicklungsbank;

- die der Zielgruppen der ärmeren ländlichen Bevölkerung, und

- die der deutschen TZ.

Da die Stärkung der Zielgruppen sowohl für die Regierung des Partnerlandes als auch für den Projektträger nicht immer die höchste Priorität
aufweist, wird die deutsche TZ in diesem Interessengefüge nicht selten
eine Zwischenstellung einnehmen: Soweit die Regierung des Partnerlandes und der Projektträger sich deutlich und mit Priorität für die Belange
der Zielgruppen der ärmeren Landbevölkerung einsetzen, kann sich die
deutsche Seite darauf beschränken, bei der Verwirklichung dieser Ziele
ihre Erfahrung und ihre Instrumente unterstützend einzubringen. Wenn
aber die Interessen der Träger, die an der Projektplanung beteiligt sind,
und der jeweiligen Regierung sich nicht mit den Interessen der Zielgruppe decken, wird die deutsche Seite ihr Gewicht zugunsten der Zielgruppen in die Waagschale werfen. Sie wird gerade dort, wo die Zielgruppen aus institutionellen und politischen Gründen ihre Position nicht
adäquat einbringen können, zu deren Fürsprecher und Vertreter werden.
Damit dies möglich ist, muß die entwicklungspolitische Implementierung
der Förderung eines zielgruppenorientierten Ländlichen Finanzwesens als
Problem und Aufgabe angesehen werden. In einem offenen politischen
Dialog zwischen dem jeweiligen Projektträger und der nationalen Regierung des Partnerlandes ist gezielt nach Möglichkeiten zu suchen, wie
der Handlungsspielraum für zielgruppenorientierte Projekte erweitert
und deren Erfolgschancen von vornherein möglichst groß gemacht werden können.

Maßnahmen der TZ - wie auch solche der finanziellen und personellen
Zusammenarbeit - zur Förderung einer zielgruppenorientierten leistungsfähigen finanziellen Infrastruktur auf dem Lande zielen ab auf

Veränderungen, oft sogar auf solche von grundsätzlicher Bedeutung, die in partnerschaftlicher Zusammenarbeit realisiert werden sollen. Das erfordert Einverständnis über die Ziele, Bereitschaft zum Einstellungswandel und eine gemeinsame Maßnahmenplanung, denn nur so können die individuellen, institutionellen und politischen Widerstände überwunden werden, auf die jede grundlegende Innovation stößt. Man muß beachten, daß in der Praxis der Entwicklungszusammenarbeit zugunsten des Ländlichen Finanzwesens die in diesem Orientierungsrahmen betonten Merkmale - strenge Zielgruppenorientierung, Bedeutung des Sparens, Bedeutung informeller Finanzmärkte, Selbsthilfe und Partizipation - noch keineswegs allgemein bekannte Selbstverständlichkeiten sind.

Die Projektvorbereitung und seine Implementierung müssen - im Sinne einer "bipolaren Strategie" - auf der Ebene der Regierung und des Projektträgers betrieben werden. Zuerst ist auf der obersten politischen Ebene Einverständnis über Ziele und Art des Projekts sicherzustellen. Danach ist auf der Ebene des Projektträgers ein mitunter sehr langwieriger Vorbereitungsprozeß zu beginnen. Dabei ist gemeinsam mit dem Partner - der Regierung und dem Projektträger und mit Repräsentanten der Zielgruppen - zu planen, welche operationalen Ziele mit welchen zeitlichen Vorgaben gesetzt und mit welchen Mitteln erreicht werden sollen. In die Planung, die sich in der GTZ erprobter Planungsverfahren wie der Zielorientierten Projektplanung (ZOPP) bedienen soll, sind *alle* maßgeblichen Personen des Projektträgers einzubeziehen. Diese Einbindung soll sicherstellen, daß bei der Planung von Problemstellungen und Situationsannahmen ausgegangen wird, die der Partner selbst artikuliert. Damit wird zweierlei erreicht: zum einen wird ein Maximum an sachbezogener Information in die Planung eingebracht, und zum anderen wird eine Identifikation des Partners mit den Projektzielen erleichtert.

Ist durch die gemeinsame zielorientierte Planung erreicht, daß der Projektträger und die Zielgruppe die Projektziele inhaltlich voll akzeptiert, dann wird sich in vielen Fällen eine nochmalige Abstimmung auf der politischen Ebene als sinnvoll erweisen, um die nötige Anpassung von Rahmenbedingungen herbeizuführen und um eine politische Unterstützung des Projekts zu gewährleisten und insbesondere zu verhindern, daß mit dem Einsetzen der deutschen oder der sonstigen internationalen Hilfe die intern, national zugewiesenen Mittel gekürzt werden und daß das Personal des Projektträgers in einen Konflikt gerät, wenn es die Zielgruppenorientierung des Projekts inhaltlich voll übernimmt. Diese erneute Abstimmung ist Teil des Politik-Dialogs, dem insgesamt und besonders bei Regierungsverhandlungen eine zentrale Rolle zufällt.

Die inhaltliche Abstimmung mit der Regierung und dem Projektträger im Partnerland erfordert von deutscher Seite auch eine interne Koordination: Es ist unverzichtbar, daß verschiedene deutsche Institutionen der Entwicklungszusammenarbeit - BMZ, KfW, GTZ, DSE und andere - einheitliche Vorstellungen und Erwartungen gegenüber einer Partnerinstitution bzw. -regierung vertreten. Insbesondere die Abstimmung zwischen Technischer und Finanzieller Zusammenarbeit ist wichtig, um die Durchsetzung zielgruppenorientierter Innovationen mit dem Partner zu erleichtern. Ebenso wichtig ist die Abstimmung mit anderen - multilateralen und bilateralen - Instanzen der Entwicklungszusammenarbeit: Beispielsweise eine ländliche Entwicklungsbank könnte sich nicht nachhaltig auf die methodischen Konzepte der deutschen Partner einstellen, wenn diese mit der FAO, der Weltbank und anderen wichtigen Partnern nicht koordiniert wären. Von der GTZ und anderen deutschen Förderungsinstitutionen wird bei ihrer Förderungspolitik für das Ländliche Finanzwesen in Entwicklungsländern angestrebt, eine national und international abgestimmte Politik zu verfolgen, um damit den Projektpartnern und insbesondere den Zielgruppen ein Maximum an Hilfe bzw. an Entwicklungsmöglichkeiten eröffnen zu können.

Backwash-Effekte traten und treten nach wie vor des öfteren in ländlichen Gebieten als Folgen einer intensiven Industrialisierungspolitik städtischer Zentren auf. Aufgrund wirtschaftspolitischer Maßnahmen können die terms of trade derart beeinflußt werden, daß Agrarprodukte oder ländliches Kapital ohne entsprechende Gegenleistung in Form von "fairen" Preisen bzw. Zinsen die städtische Entwicklung alimentiert bzw. finanziert. Die Bildung und Ansammlung von einsetzbarem Kapital auf dem Lande wird reduziert bzw. verhindert, die ländliche Entwicklung verlangsamt sich nicht nur, sie kann sich unter Umständen auch umkehren.

Counterparts sind einheimische Fachkräfte in einem Entwicklungsland, die als fachliche Partner eines ausländischen Experten arbeiten und nach dessen Ausscheiden seine Aufgaben übernehmen; von counterpart = Gegenstück.

Doppelte Dualisierung ist des öfteren das Ergebnis bisheriger nationaler Entwicklungspolitik und charakterisiert die heutige Situation vieler ländlicher Gebiete. Die städtisch orientierte industrielle Entwicklungspolitik führt einerseits zu einem Stadt-Land-Gefälle, die ländliche Entwicklungspolitik vergrößert andererseits den Abstand zwischen den reicheren Bevölkerungsschichten auf dem Lande und der übrigen ländlichen Bevölkerung.

Experten sind Fachkräfte, die in Projekten und als Berater eingesetzt werden. Sie sind Angestellte der GTZ oder von Consultingfirmen. Die etwas weiter entwickelten Länder nehmen auch selbst Fachkräfte unter Vertrag. Sie sind damit arbeits- und tarifrechtlich in die Gastländer integriert ("integrierte Experten"). Etwaige Einkommensverluste können von der Bundesregierung durch Zuschüsse zu den lokalen Gehältern ausgeglichen werden ("topping up").

Financial Repression bezeichnet die Auswirkungen ungünstiger finanzwirtschaftlicher Rahmenbedingungen. Sie beschränkt mitunter den Tätigkeitsbereich von Finanzinstitutionen und bewirkt damit in vielen Ländern eine Unterversorgung mit Finanzleistungen. Zu den "repressiven" Rahmenbedingungen zählen insbesondere staatliche Zinsbeschränkungen (siehe auch unter Niedrigzinspolitik).

Finanzielle Infrastruktur (oder das ländliche Finanzwesen im engeren Sinne) ist ein Bestandteil des Finanzwesens und beinhaltet die Gesamtheit aller Anlage- und Finanzierungsmöglichkeiten und damit zugleich die Finanzinstitutionen, die solche Möglichkeiten bieten, sowie die Regelungen und Verhaltensnormen, die für das Finanzwesen gelten.

Finanzielle Zusammenarbeit (FZ) hat die Aufgabe, das Produktionspotential einschließlich der wirtschaftlichen und sozialen Infrastruktur in den Entwicklungsländern durch die Bereitstellung von Kapital besser zu nutzen und zu erhöhen. Hierzu stehen FZ-Mittel zur Verfügung. Sie bestehen aus zinsgünstigen langfristigen Krediten und außerdem seit 1978 aus Zuschüssen in Form von nicht rückzahlbaren Finanzierungsbeiträgen für die am meisten unterentwickelten Länder für Fördermaßnahmen und zur Finanzierung der Einfuhr lebenswichtiger ziviler Güter. Kredite im Rahmen der finanziellen Zusammenarbeit werden nach einem abgestuften Konditionensystem vergeben.

Finanztechnologie ist aus volkswirtschaftlicher Sicht die spezifische Art und Weise, wie der Finanzsektor Kapital sammelt und transformiert (etwa in Form offener bzw. geschlossener Kapitalkreisläufe zwischen

ländlichen finanziellen Überschuß- und Bedarfseinheiten). Im einzelwirtschaftlichen Sinne beschreibt die Finanztechnologie die operativen
und organisatorischen Techniken und physischen sowie menschlichen
Anforderungen an Kapitalmittler bei der Wahrnehmung ihrer finanziellen Aktivitäten. Das Merkmal guter Finanztechnologien ist, daß sie den
Informationsnachteil des Kapitalgebers abschwächen und die Anreize für
den Kapitalnehmer, Verzinsung und Rückzahlung zu leisten, verstärken.

Förderungswürdige Kreditinstitute sind solche Entwicklungsbanken oder
vergleichbare Finanzinstitute, die in der Lage sind, unter bankmäßigen
Gesichtspunkten kleine und mittlere Unternehmen im landwirtschaftlichen und gewerblichen Sektor zu unterstützen. Außerdem sollen sie zum
Ausbau der finanziellen Infrastruktur, zu Erweiterungen im Bereich des
Aktiv- und Passivgeschäfts, zur Einführung neuer Dienstleistungen und
zur Erschließung neuer Kundengruppen beitragen. Insbesondere sollen
sie zielgruppenorientiert sein, eine ausreichende Unabhängigkeit besitzen, keine allein auf Sicherheiten und rückschauende Kreditwürdigkeits-
prüfungen basierende Kreditpolitik betreiben und auch inländische Mittel mobilisieren.

Formelle/Informelle Selbsthilfeorganisationen werden nach der Art der
Organisationsform unterschieden: SHO, in denen die Rechte und Pflichten der Mitglieder sowie ihrer Vertretung nach außen (z.B. durch Sat-
zung) eindeutig geregelt sind, und die staatlich anerkannt, registriert
oder zugelassen sind, werden als formelle SHO bezeichnet; sonstige SHO
werden als informelle SHO bezeichnet. Eine Zwischenform bilden informelle SHO, die aber gewohnheitsrechtlich anerkannt sind. Die entwicklungspolitisch interessanten SHO mit vorwiegend wirtschaftlichen
Zielen lassen sich außerdem noch danach differenzieren, ob sie einen
Organbetrieb besitzen. Clubs und Verbände (als Interessenvertretungen)
sind formelle SHO ohne Organbetrieb, Genossenschaften (registrierte

Genossenschaften, Paraganossenschaften und autochthone Institutionen) sind formelle oder informelle aber gewohnheitsrechtlich anerkannte SHO, traditionelle Gruppen (wie etwa einfache Spar- und Kreditringe) und nicht tradierte Basisgruppen (wie etwa Kreditgruppen oder Bürgschaftsgruppen) sind SHO ohne Organbetrieb.

Genossenschaften sind formelle oder informelle, aber gewohnheitsrechtlich anerkannte SHO mit überwiegend wirtschaftlicher Zielsetzung, die einen Organbetrieb betreiben. Man unterscheidet in registrierte Genossenschaften (klassische Mehrzweckgenossenschaften oder Einzweckgenossenschaften, Credit Unions), Paragenossenschaften (wie etwa Produzentenvereinigungen und Vorgenossenschaften auf gesetzlicher Grundlage) und autochthonen Institutionen (Spar- und Kreditringe mit dauerhafter Geschäftstätigkeit).

Gutachten sind ausführliche Berichte über durchgeführte Untersuchungen, deren Ergebnisse und deren Bewertung hinsichtlich der Durchführbarkeit, der Auswirkung und des Nutzens eines in Aussicht genommenen Projekts oder Programms.

Hilfsaktoren sind Personen und Institutionen, die Finanzbeziehungen zwischen den ländlichen Wirtschaftseinheiten, den informellen und den formellen Finanzinstitutionen erleichtern oder ermöglichen. Dabei sind sie selbst nicht in die Finanzbeziehungen eingebunden (s. auch Zwischenträger).

Implementalzielgruppen sind klar identifizierbare soziale Gruppen bzw., ihre kleinen bis mittleren Betriebe im gewerblichen oder Dienstleistungssektor sowie im Agrarsektor, die lokale Vorleistungen erbringen, deren Produktion vornehmlich Angehörigen der Zielbevölkerung zugute kommen (Produkte des Grundbedarfs), und die arbeitsintensive Techniken verwenden. Eine Verbesserung ihres Zugangs zu Leistungen der formellen Finanzinstitutionen kann positive Auswirkungen für die Zielgruppen erwarten lassen (Linkage-Effekte).

Interlinked Transactions bezeichnen die Verknüpfung mehrerer Leistungsbeziehungen zwischen mindestens zwei Wirtschaftseinheiten. So vereinigt share cropping beispielsweise Elemente von Pacht, Eigenkapitalbeteiligung und von Ernteversicherungen (siehe auch unter Share Cropping).

Kleinbauern sind eine heterogene, primär landwirtschaftlich ausgerichtete Bevölkerungsgruppe (Subsistenzbauern, Pächter, agrarische Kleinstunternehmer).

Kredit-/Sparprogramme sind im Rahmen der Geschäftspolitik einer Finanzinstitution bewußt geplante und fest umrissene standardisierte Aktivitäten zumeist als Teil des Gesamtgeschäfts, die dem vorher analysierten Bedarf einer speziellen, klar abgegrenzten Zielgruppe besonders entgegenkommt. Derartige Programme sind im Rahmen einer Zielgruppenorientierung und einer entwicklungspolitisch erwünschten Arbeit von formellen Finanzinstitutionen anzustreben.

Kreditbedürftigkeit von Mitgliedern der Zielgruppen ist dann gegeben, wenn ein (objektiv gegebener oder subjektiv empfundener) Kreditbedarf gar nicht oder nur in unzureichendem Maße durch bestehende Kreditgeber befriedigt wird. Dies gilt auch bei einer Kreditversogung durch private Geldverleiher, wenn durch deren Praktiken entwicklungshemmende Strukturen zu Lasten der Zielgruppen aufrechterhalten werden.

Kreditfonds sind Fonds, die der Finanzierung von Produktionsmitteln (Saatgut, Düngemittel, Rohmaterial, Werkzeug) und Betriebsinvestitionen im kleinbäuerlichen oder handwerklichen Sektor dienen. Voraussetzung für die Förderung eines Kreditfonds ist, daß seine Kreditnehmer im Rahmen weitergehender ländlicher oder städtischer Entwicklungsprogramme beraten werden.

Kreditgarantiefonds (KGF) sind Einrichtungen, die vorwiegend der Besicherung der mittelfristigen Finanzierung von Investitionen und Betriebsmitteln (bewegliches Anlagevermögen, Umlaufvermögen) dienen.

Kreditmittlergruppen sind Gruppen (Nachbarschaftsgruppen oder Untergruppen innerhalb formal organisierter Institutionen), die als Mittler zwischen Kreditgeber (z.B. Bank) und individuellem Kreditnehmer und/oder als kollektive Bürgen für die Kreditrückzahlung fungieren.

Kreditwürdigkeit von Mitgliedern der Zielgruppen liegt unter entwicklungspolitischen Gesichtspunkten dann vor, wenn bei Ausschöpfung des gesamten Entwicklungspotentials ein Einkommen erwirtschaftet werden kann, das einen angemessenen Selbstfinanzierungsbeitrag für künftige Investitionen und gleichzeitig ein über dem Existenzminimum liegendes Konsumniveau sicherstellt. Nur solche Betriebe sind kreditwürdig, die langfristig aufgrund der Fördermaßnahmen ein Niveau erreichen können, das eine Förderung erübrigt.

Ländliche Finanzmärkte sind in den Entwicklungsländern deutlich unterteilbar und bestehen aus einem informellen und formellen Teil. Häufig ist die Bedeutung des informellen größer als die des formellen Finanzmarktes. Ländliche Finanzmärkte insgesamt bestehen aus der Gesamtheit des Angebots der Leistungen von Finanzinstitutionen oder der finanziellen Infrastruktur, sowie deren Nachfrage und den entsprechenden Abstimmungsprozessen. Der informelle Markt entzieht sich im Gegensatz zum formellen einem direkten staatlichen Einfluß, informelle liegen keiner staatlichen Registrierung und Kontrolle und gegebenenfalls auch keiner Steuerung durch die Zentralbank. Gerade diese Unabhängigkeit verhilft ihnen aber zu ihrer Bedeutung und erlaubt in vielen Fällen erst ihre Funktionsfähigkeit.

Ländliche Regionalentwicklung (LRE) ist ein mulitsektoraler und interdisziplinärer Planungs- und Implementierungsansatzansatz mit dem Ziel der Erschließung, Nutzung und langfristigen Sicherung lokaler Ressourcen. Dadurch soll die wirtschaftliche und soziale Situtation der ländlichen Bevölkerung einer Region innerhalb eines Entwicklungslandes nachhaltig verbessert werden. Vor allem die ärmeren Bevölkerungsschichten sollen in die Lage versetzt werden, ihre Lebensverhältnisse eigenständig zu gestalten und zu verbessern.

Ländliches Kleingewerbe bezeichnet alle nichtlandwirtschaftlichen, auf Einkommenserzielung gerichteten und in Kleinst- und Kleinbetrieben durchgeführten Tätigkeiten im ländlichen Raum. Hierbei wird einfache Technik unter weitestgehender Nutzung lokaler Ressourcen verwendet. Lohnarbeit spielt hierbei nur eine relativ geringe Rolle. Die Tätigkeiten werden nicht selten in Haushalten mit landwirtschaftlichem Haupt- oder Nebenerwerb ausgeübt.

Linkage-Effekte umschreiben die positiven Auswirkungen für die Zielgruppen die eine Förderung des ländlichen Finanzwesens in Form von verbesserten Kredit-, Spar- und finanzwirtschaftlichen Dienstleistungen für Implementalzielgruppen haben können. Sie bestehen z.B. aus einer Sicherung und Erhöhung der kleingewerblichen Arbeitsplätze sowie einer verbesserten Versorgung der Zielbevölkerung.

Maßnahmen sind in sich geschlossene, nach Dauer und Leistung abgegrenzte Tätigkeiten. Sie sind Teilvorgänge der Realisierung eines Projekts. Im Extremfall sind Maßnahme und Projektrealisierung identisch, dann nämlich, wenn das Projekt nur aus einer geplanten Maßnahme besteht. Maßnahmen im Bereich des Finanzwesens bestehen in der Bereitstellung von Finanzmitteln zum Zweck der Endkreditgewährung, der Beteiligung an Kreditinstituten, der Entsendung von Fachkräften oder der Aus- und Fortbildung einheimischer Fachkräfte bzw. in einer Kombination der einzelnen Möglichkeiten.

Moral Hazard bezeichnet im finanzwirtschaftlichen Bereich das bewußte Ausnutzen der Möglichkeit eines Kreditnehmers, Investitionsrisiken auf einen Kreditgeber abzuwälzen.

Nichtregierungsorganisationen (NRO) sind private Gruppen bzw. Organisationen, die mit ihrer Arbeit den Zielgruppen bei deren wirtschaftlichen oder sozialen Entwicklung direkt oder indirekt helfen.

Niedrigzinspolitik ist eine zentrale und in den meisten Entwicklungsländern ergriffene Maßnahme, mit der das Ziel verfolgt wird, die Produktivität des Agrarsektors zu erhöhen. Durch staatliche Intervention werden die Agrarkreditzinsen formeller Finanzinstitutionen auf einem niedrigen Niveau, zum Teil unterhalb der Inflationsrate, fixiert. Die Kreditnachfrage landwirtschaftlicher Betriebe soll hiermit erhöht werden, teilweise ist auch ein Einkommenstransfer zugunsten von Kleinbetrieben beabsichtigt. Die Erfahrung hat aber gezeigt, daß restriktive Zinspolitiken oft die ländlichen Armutsgruppen noch weiter benachteiligen und nur in wenigen Fällen die Agrarproduktion anregen können.

On-The-Job-Training bezeichnet eine Aus- und Fortbildungsform, bei der die Weiterbildung am Arbeitsplatz erfolgt und die daher häufig effizienter und kostengünstiger als externe Kurse oder Schulungen ist.

<u>Pilotprojekte</u> sind Versuchs- und Beispielvorhaben.

<u>Politikberatung</u> kann sich sowohl auf die Beratung regierungsamtlicher Stellen als auch auf die Geschäftspolitik von Finanzinstitutionen erstrekken.

<u>Programme</u> stellen eine - nach einem fest umrissenen Konzept erfolgende - Zusammenfassung mehrerer Projekte aufgrund inhaltlicher, räumlicher und organisatorischer Gemeinsamkeiten dar. Sie können auch über einen gemeinsamen Träger sektoral oder regional verbunden werden.

<u>Projekte</u> sind funktional, räumlich, wirtschaftlich und zeitlich abgrenzbare Maßnahmen mit zielorientierter Aufgabenstellung. Ein Projekt kann Teil eines übergeordneten Programms sein.

<u>Selbsthilfeeinrichtungen (SHE)</u> umfassen Selbsthilfegruppen, Selbsthilfefördereinrichtungen, Verbände (also Sekundärorganisationen, deren Mitglieder vorwiegend SH-Gruppen sind) sowie sonstige spezialisierte Institutionen, die SHG Dienste leisten (wie etwa Banken, Beratungsdienste, Ausbildungs- und Gesundheitseinrichtungen, Service-Zentren, Beschaffungs-, Absatz-, Transport-Einrichtungen).

<u>Selbsthilfefördereinrichtungen (SHF)</u> wie etwa Beratungsdienste, Vereinigungen öffentlicher oder privater Institutionen oder auch Individuen zielen darauf ab, die Selbsthilfe-Bewegung durch Ausbildung, Beratung, Netzwerkbildung und andere Dienstleistungen zu stärken und auszuweiten.

<u>Selbsthilfefonds</u> werden in der deutschen TZ im Rahmen des Instruments LRE eingesetzt und dienen letztlich dem Ziel der Selbsthilfe-För-

derung, das Selbsthilfepotential zu aktivieren. Sie werden direkt durch deutsche Entwicklungshilfemittel oder oder aus Gegenwertmitteln finanziert. Selbsthilfefonds gibt es in drei Formen:

Fonds für Investitionshilfen bestehen aus Fonds zur Vergabe von Produktivkrediten, aus Fonds zur Schaffung einer Selbsthilfe- bzw SHG/SHO-Grundausstattung und aus Fonds zur Förderung der materiellen und sozialen Infrastruktur. Fonds für Beratungs- sowie Aus- und Fortbildungsmaßnahmen bestehen aus Fonds zur Schaffung eines Selbsthilfe-Bewußtseins bei den Zielgruppen und im Projektumfeld sowie aus Fonds zur Ausbildung der Zielgruppen (bzw. der SHF, SHO, SHG).

Selbsthilfegruppen (SHG) sind Primär-Organisationen, in denen sich Individuen zur Erreichung gemeinsam gesetzter Ziele zusammenfinden. SHG im finanzwirtschaftlichen Bereich sind etwa ROSCAs oder autochthone Spargruppen. Auch Gruppen, die gemeinsam für Kredite ihrer Mitglieder haften, sind zu den SHG zu rechnen.

Selbsthilfeorgansisationen (SHO) sind solche Organisationen, deren (personelle) Mitglieder sich aufgrund gemeinsamer Interessen zusammengeschlossen haben, um die dauerhafte Verfolgung ihrer übergeordneten Ziele durch Verbesserung ihrer wirtschaftlichen oder sozialen Situation anzusteben. Dabei soll diese Verbesserung nicht durch geldliche Leistungen (wie z.B. bei der Kapitalgesellschaft durch die Dividende), sondern durch das Angebot von Dienstleistungen im weitesten Sinne erreicht werden. SHO sind gegenüber SHG eine Erweiterung, da sie neben den Primär-Organisationen auch die Sekundär-Organisationen im Bereich der kollektiven Selbsthilfe (wie etwa Verbände und Interessenvertretungen) umfassen (siehe auch unter SHG). Vergleiche auch Formelle/Informelle SHO.

Share Cropping bezeichnet eine weit verbreitete Form der Pacht bei landwirtschaftlichen Kleinbetrieben. Die Pachtsumme, die der Pächter dem Grundbesitzer zu zahlen hat, beträgt einen festgelegten Teil der Ernte. Sie ist also erfolgsabhängig. Somit stellt Share Cropping auch eine Eigenkapitalbeteiligung des Grundbesitzers am Betrieb und eine Kombination aus Pacht und Ernteversicherung dar.

Specialized Farm Credit Institutions (SFCI) oder Agrarkreditbanken verkörpern das typische Instrument bisheriger traditioneller ländlicher Entwicklungspolitik. Sie sind staatliche oder halbstaatliche Kreditinstitute , die Kapital von außerhalb ländlicher Regionen per Kreditvergabe in den Agrarsektor durchleiten sollen. SFCI wurden in den letzten Jahren zunehmend kritisiert, da sich die wirtschaftliche und soziale Situation insbesondere der ländlichen Armen entgegen der entwicklungspolitischen Zielsetzung dieser Entwicklungsbanken häufig eher verschlechterte als verbesserte.

Studien- und Kurzzeitexpertenfonds dienen der TZ zur Finanzierung von Studien und Gutachten und von Fachkräften sowie der Vorbereitung von Vorhaben, soweit diese Aufgaben nicht wegen Umfang und Eigenständigkeit als eigene Vorhaben durchgeführt werden.

Spezialbanken arbeiten zumeist als sektoral ausgerichtete Branchenbanken oder als Teildienstbanken mit einem spezialisiertem Leistungsangebot. Sie bilden das Gegenstück zu Universalbanken (siehe auch unter Universalbanken).

Technische Zusammenarbeit (TZ) - vereinzelt auch noch "Technische Hilfe" genannt - ist die Unterstützung der Entwicklungsländer bei der Erschließung und Steigerung ihrer wirtschaftlichen und sozialen Leistungsfähigkeit durch die Bundesrepublik Deutschland. Ihre Aufgabe ist die Vermittlung bzw. Mobilisierung von technischen, wirtschaftlichen, organisatorischen und finanzwirtschaftlichen Kenntnissen und Fertigkeiten und die Verbesserung der Voraussetzungen für deren Anwendung. Im einzelnen geht es dabei um die Entsendung von Fachkräften und um die Bereitstellung von Zuschüssen und Kreditfonds, sowie von Material und Ausbildungsmöglichkeiten. Das Entwicklungsland übernimmt dabei meist die im Land selbst anfallenden laufenden Kosten.

Universalbanken (auch Full-Service-Banken genannt) stellen einen Banktypus dar, der grundsätzlich für alle Wirtschaftsbereiche und Berufsgruppen tätig ist und grundsätzlich alle Bankgeschäfte durchführt. Während im allgemeinen eine solche Verbreiterung des Leistungsangebotes (= funktionale Diversifizierung) als Trend in der Bankenentwicklung angesehen wird, ist in der entwicklungspolitischen Diskussion der Stellenwert von Universalbanken gegenüber Spezialbanken, wenn sie als Entwicklungsbanken arbeiten, umstritten. Den Kostenvorteilen und den risikomindernden Vorzügen der Universalbanken steht die Gefahr einer vernachlässigten Zielgruppenorientierung und einer geringen Betreuung des ländlichen Einzelkunden, wenn er Mitglied der Zielbevölkerung ist, entgegen.

Vertrauensbildende Maßnahmen (VM) sind kleinere Projektmaßnahmen, die einem vordringlichen Bedarf der Zielgruppe entsprechen und dem Aufbau eines Vertrauensverhältnisses zwischen Zielgruppen, Programmpersonal und Verwaltung im Projektumfeld dienen. Diese VM tragen zur Identifikation der Bedürfnisse der Zielgruppen bei und testen ihre Bereitschaft, sich mit Eigenleistungen am Programm zu beteiligen.

Zielbevölkerung ist der ärmere Teil der gesamten ländlichen Bevölkerung. Im Rahmen der Entwicklung des Ländlichen Finanzwesens kann man jedenfalls die Personen zur Zielbevölkerung rechnen, die von herkömmlichen Banken nicht mit Kredit versorgt werden.

Zielgruppen sind klar identifizierbare soziale Gruppen oder Einheiten, die im Hinblick auf ihre wirtschaftliche Situation, ihren finanzwirtschaftlichen Bedarf und Potential und ihre Nutzungsschwellen in einer gleichen oder ähnlichen Lage sind. Auf sie werden die Maßnahmen eines Förderprogramms ausgerichtet. Entwicklungspolitische Zielgruppen im Bereich einer Förderung des ländlichen Finanzwesens bestehen konkret aus Sparern sowie potentiell kreditwürdigen bzw. kreditfähigen Kreditnehmern aus der Zielbevölkerung.

Zinsdifferenzmittel (auch Gegenwertmittel oder Zinsspaltungsmittel genannt) fallen bei der Vergabe von FZ-Mitteln auf der Seite des Entwicklungslandes bzw. der geförderten Institute als nehmereigene Mittel aufgrund der Zinsdifferenz an (siehe unter Zinsgestaltung). Sie sollen in einem besonderen Fonds gesammelt und für entwicklungspolitisch wichtige Vorhaben wie etwa den Auf- und Ausbau von Instrumenten der Beratung und Fortbildung sowie der Kreditbesicherung, für die Abdeckung von Währungsverlusten, für das Anfertigen von Studien und für Maßnahmen im sozialen Bereich verwendet werden

Zinsgestaltung beschreibt die Struktur und Zusammenstellung der Zinssätze von FZ-Mittel im Bereich des Kreditwesens durch die deutsche Seite. Es wird hierbei in mehrere Zinssätze unterschieden:
- Der Endkreditzinssatz ist derjenige Zins, den ein Endkreditnehmer an das Kreditinstitut zahlt, das mit FZ-Mitteln gefördert wurde.
- Der Transferzinssatz (entfällt bei Zuschüssen) ist vom jeweiligen Entwicklungsland oder direkt vom geförderten Institut an die KfW zu zahlen.

- Die Bankmarge (normalerweise 3%) soll sämtliche Kosten des Kreditinstituts decken.

- Die Zinsdifferenz ist die Differenz zwischen Transferzinssatz einerseits und Einstandszinssatz (Endkreditzinssatz abzüglich Bankmarge) andererseits. Das sich daraus bildende Kapital ist nehmereigen und soll für entwicklungspolitisch bedeutsame Maßnahmen eingesetzt werden (siehe auch Zinsdifferenzmittel).

Zwischenträger sind Personen oder (private oder staatliche) Organisationen, die durch das Vermitteln von Krediten bisher unversorgte Kleinbetriebe an die Leistungen von formellen Finanzinstitutionen, zumeist Banken, heranführen können. Sie können dabei direkt Kredite vergeben und sich selbst refinanzieren, sie können vermitteln oder Bankfunktionen übernehmen oder aber auf Organisationen einwirken, die ihrerseits bereits Zwischenträger sind.

ADAMS, D. W.: Mobilizing Household Savings through Rural Financial Markets, in: Economic Development and Cultural Change 1978, pp. 547-560

ADAMS, D. W.; GRAHAM, D. H.; PISCHKE, J. D. v. (eds.): Undermining Rural Development with Cheap Credit, Boulder, Col. 1984

APRACA: Crop Insurance for Asian Countries, Bangkok/Thailand 1980

APRACA: Agricultural Credit Policies and Programs for Small Farmer Development in Asian and Pacific Countries - Country Profiles 1980 and Success Stories, APRACA Publications No. 6, February 1981

APRACA: Agricultural Credit and Banking Training Courses and Facilities in the Asian and Pacific Region, APRACA, Publication No. 7, November 1981

APRACA: Agricultural Credit Management: Lecture Notes and Exercises, edited by B. R. Chaudhari, APRACA Publication No. 8, February 1982

APRACA: World Credit Operations: Reports of APRACA Staff Exchange Fellows (1982), APRACA Report No. SE-4, May 1983

APRACA: Credit Development for the Rural Poor - Report on the Informal Regional Technical Consultation on Credit Development, APRACA Publication No. 11, September 1983

AYRES, R. L.: Banking on the Poor, Cambridge-London 1983

BALDUS, R. D.; RÖPKE, J.; SEMMELROTH, D.: Einkommens-, Verteilungs- und Beschäftigungswirkungen von Selbsthilfeorganisationen in Entwicklungsländern, Forschungsberichte des BMZ Bd. 17, München/Köln 1981

BMZ: Orientierungslinien für die Entwicklungszusammenarbeit im Kreditwesen, 1983

BMZ (S24): Ansätze zur Armutsbekämpfung durch Selbsthilfe und durch zielgruppengerechte Finanzierungsinstrumente, Schlußbericht der Arbeitseinheit S24 - Entwicklungspolitische Sonderaufgaben - von Mdg K. Osner u.a., 1984

BMZ: Grundlinien der Entwicklungspolitik der Bundesregierung, Bonn 1986

BOUMAN, F. J. A.: Indigenous Savings and Credit Societies in the Third World, in: Savings and Development, No. 4 1977, pp. 181-214

DEVELOPMENT DIGEST: Rural Finance, Vol. XVIII No. 3, July 1980, pp. 57-100

DSE/ZEL: Fachseminar - Selbsthilfe in der ländlichen Entwicklung, Feldafing 1982

DSE/ZEL: Internationale Tagung - Armutsbekämpfung durch Selbsthilfe - Bericht, Feldafing 1985

FAO: Agricultural Credit Bibliography No. 2, 1979 FAO: Guide to Evaluation of Cooperative Organizations in Developing Countries, Rome 1981

FAO: World Conference on Agrarian Reform and Rural Development, Rome, 12.-20. July 1979 - Report, FAO 1979

FAO: World Conference on Credit for Farmers in Developing Countries - Agricultural Credit for Development, Rome, 14.-21. October 1975, FAO 1975

FISCHER, B.: Liberalisierung der Finanzmärkte und wirtschaftliches Wachstum in Entwicklungsländern, Tübingen 1982

FISCHER, B.: Sparkapitalbildung in Entwicklungsländern, Forschungsberichte des BMZ Bd. 78, München/Köln 1986

FISCHER, W. E.: Die Grenzen des Instruments Entwicklungsbank, in: Entwicklung und Zusammenarbeit Nr.5 1983, S. 18-20

GÄNSEL, G.: Evaluation Criteria for Institutional Projects, Göttingen 1982

GEIS, H.-G.: Die Rolle der finanziellen Infrastruktur - Einige Ergänzungen, in: H. Priebe (Hrsg): Eigenfinanzierung der Entwicklung, Duncker und Humblot Berlin 1975, S. 69-78

GONZALES-VEGA, C.: Arguments of Interest Rate Reform, in: Savings and Development No.4 1982, pp. 221-230

GTZ: Handwerk, Industrie und Kreditwesen in der Technischen Zusammenarbeit, Eschborn 1984

HANKEL, W.: Kapitalbildung in Entwicklungsländern, in: H. Priebe
(Hrsg.): Eigenfinanzierung der Entwicklung, Berlin 1975,
S. 9-29

HOLST, J. U.: The Role of Informal Financial Institutions in the Mobil-
ization of Savings, in: Kessler, D.; Ullmo, P.-A. (eds.): Savings
and Development, Paris 1985, pp. 121-152

HOSSAIN, M.: Credit for the Rural Poor - The Experience of the Gra-
meen Bank in Bangladesh, Dhaka 1984

HOWELL, J. (ed.): Borrowers and Lenders: Rural Financial Markets &
Institutions in Developing Countries, Overseas Development Institute 1980

IFAD: The Role of Rural Credit Projects in Reaching the Poor, IFAD
1985

KIRSCH, O. C.; ARMBRUSTER, P. C.; KOCHENDÖRFER-LUCIUS,
G.: Selbsthilfeeinrichtungen in der Dritten Welt - Ansätze zur
Kooperation mit autonomen leistungsfähigen Trägergruppen,
Forschungsberichte des BMZ Bd. 49, München/Köln 1983

KROPP, E.: Landwirtschaftliche Kapitalbildung unter Industrieeinfluß.
Ein empirischer Beitrag zum Spar- und Investitionsverhalten
landwirtschaftlicher Haushalte in Indien, Heidelberg 1976
(unveröffentlicht)

154

KROPP, E. W.: Neue Ansätze der Finanzierung ländlicher Entwicklung, in: gtz-tip agro international Nr. 7 1981, S. 1-17

PATRICK, H. T.: Financial Development and Economic Growth in Underdeveloped Countries, in: Economic Development and Cultural Change 1966, pp. 174-189

PISCHKE, J. D. v.: The Pitfalls of Specialized Farm Credit Institutions in Low-Income Countries, in: Development Digest No. 3 1980, pp. 79-91

PISCHKE, J. D. v.: The Political Economy of Specialized Farm Credit Institutions in Low-Income Countries, World Bank Staff Working Paper No. 446, 1981

PISCHKE, J. D. v.; ADAMS, D.; DONALD, G. (eds.): Rural Financial Markets in Low-Income Countries, Baltimore/London 1981

PRIEBE, H. (Hrsg.): Eigenfinanzierung der Entwicklung, Berlin 1975

PRIEBE, H.; HANKEL, W.: Der Agrarsektor im Entwicklungsprozeß, Frankfurt-New York 1980

SCHAEFER-KEHNERT, W.; PISCHKE, J. D. v.: Agricultural Credit Policy in Developing Countries, in: Savings and Development No. 1 1986, pp. 5-29

SCHMIDT, R. H.: Small-scale Financing and Credit Intermediaries, TZ-Verlagsgesellschaft, Eschborn 1986

SCHULTZ, T. W.: Nobel Lecture: The Economics of Being Poor, in: Journal of Political Economy 1980, pp. 175-182

SEIBEL, H. D.: Ansatzmöglichkeiten für die Mobilisierung von Sparkapital zur Entwicklungsfinanzierung, Forschungsberichte des BMZ Bd. 63, München/Köln 1984

SIDMAN-STEINER, C.: Les Associations de Crédit Rotatif: La Banque du Peuple, Diss. Zürich 1983

SIMONIS, U. E. (Hrsg.): Entwicklungsländer in der Finanzkrise: Probleme und Perspektiven, Berlin 1983

STOCKHAUSEN, J. v.: Funktion und entwicklungspolitischer Stellenwert des Agrarkredits, Forschungsbericht im Auftrag des BMZ, Bad Homburg 1978

STOCKHAUSEN, J. v.: Staatliche Agrarkreditpolitik und ländliche Finanzmärkte in den Ländern der Dritten Welt, Berlin 1984

U TUN WAI: A Revisit to Interest Rates Outside the Organized Money Markets of Underdeveloped Countries, in: Banca Nazionale del Lavoro 1977, pp. 291-312

VIRMANI, A.: The Nature of Credit Markets in Developing Countries, World Bank Staff Working Paper No. 524, 1982

WELTBANK (Hrsg.): Weltentwicklungsbericht 1985, Washington 1985

WOLF, B.: Zur Bedeutung der finanziellen Infrastruktur in Entwicklungsländern, Berlin-München 1984

1. Dokumentation Zielgruppen LFW

Zielgruppen einer Förderung des Ländlichen Finanzwesens sind insbesondere Kleinbauern, Fischer und die Inhaber von kleinen Viehzucht-, Handwerks-, Kleinhandels- und Dienstleistungsbetrieben auf dem Lande, wie folgende Bilder zeigen:

Förderung von Grobschmieden in West Sumatra bei der Herstellung einfacher landwirtschaftlicher Geräte aus Schrott (Eisenbahnschienen)

Das Endprodukt

Die bäuerliche Kundschaft in Tunja (Peru) erstellt ihren Kreditantrag zum Bezug von landwirtschaftlichen Betriebsmitteln. Diese werden aus der Abteilung „Warengeschäft" in Naturalien bereitgestellt.

Finanzierung von landwirtschaftlichen Betriebsmitteln im kleinbäuerlichen Reisanbau in Sebelimbingan Kal Tim

Einführung handbetriebener Reisdreschmaschinen in Indonesien − eine angepaßte Mechanisierungsstufe

Beispiele zur Förderung wirtschaftlicher Kleinaktivitäten durch das ländliche Finanzwesen

Der Handel benötigt Betriebsmittelkredite zum Ankauf von Produkten lokaler Handwerker

Der Kauf von Nähmaschinen gehört bei Frauen zu den bevorzugten Kleinbetriebsinvestionen, mit denen ein Zuerwerb bestritten wird.

Mit geringer Kapitalausstattung entstehen insbesondere im Kleinhandel zusätzliche Beschäftigungs-
und Einkommenseffekte.

Verbesserung der von Büffeln angetriebenen Zuckerrohrpressen: Ersatz der Holzpressen durch mechanische Pressen in Indien und Indonesien.

Aluminiumverarbeitung zu Haushaltungsgeräten und Wassereimern in handwerklicher Serienproduktion auf Sumatra.

Fischzucht und Teichwirtschaft in Indonesien.

Einrichtung einer Möbeltischlerei als Bestandteil eines Gewerbeförderungsprogramms.

Bootsbau in Nord-Sumatra.

Kleingewerbeförderung in der Ziegelproduktion in Afrika und Asien.

Förderung des „Bendi" (pferdegezogene einachsige Personentransportmittel) zur Bewältigung des steigenden Nahverkehrs oder Einführung von Kleinbussen zum Transport von bis zu 10 Personen?

In Kleingewerbeförderungsprogrammen in Sumatra wurde der Minibus zur Bewältigung der städtischen Verkehrsspitzen (Berufs- und Schülerverkehr) in beschränktem Umfang zugelassen.

2. Dokumentation Bankdienste in unmittelbarer Zielgruppennähe

Ersparnismobilisierung und Kreditversorgung auf dem Lande: Bankangestellte oder speziell ausgebildete Mitglieder der Credit Union kommen regelmäßig in die Dörfer zu ihren Kunden bzw. Mitgliedern, um kleine Sparbeträge einzusammeln oder Kleinkredite zu vergeben.

Buchhaltung einer Genossenschaft, die eine Mühle als Regiebetrieb unterhält.

Die Bauern füllen Loan Appraisals (Kreditbedarfsermittlungsbogen) aus, um ihren Kreditbedarf für ihre landwirtschaftliche Produktion zu ermitteln. Spezielle Programmkredite fördern den Anbau bestimmter Kulturen. Bei dieser produkt- und flächenspezifischen Kreditvergabe wird oft nicht genug auf die Kreditfähigkeit des gesamten Betriebes oder des Betriebsinhabers geachtet.

储蓄存款利率表
单位:月息(‰)

种类		期限	月利率	存入金额	到期可得利息
定期储蓄	整存整取	半年	5.1	100元	3.06
		一年	6.0	100元	7.20
		三年	6.9	100元	24.84
		五年	7.8	100元	46.80
		八年	8.7	100元	83.52
	零存整取	一年	5.1	每月存10元	3.98
		三年	6.0	每月存10元	39.96
		五年	6.6	每月存10元	120.78
活期储蓄		随时存取		每年计付利息一次	

中国农业银行

Informationstafel zur Zinsstruktur, die für eine angemessene Tranzparenz auf den ländlichen Kapitalmärkten sorgen soll aus der VR China, Mitglied der APRACA (Asian and Pacific Regional Agricultural Credit Association).

3. Dokumentation Finanzierung von kommunalen Projekten

Der Einsatz von Beratungspersonal wird in der Regel gekoppelt mit dem Einsatz von Finanzmitteln zur Finanzierung von Projektmaßnahmen wie hier die Unterstützung von **Gemeinden** beim Bau von Trinkwasseranlagen und von Dämmen für die Bewässerung von Feldern unter Einbindung der geförderten Gruppen:

Pakistanisch-deutsches Selbsthilfeprojekt für ländliche Entwicklung im Abstimmungprozeß mit den Selbsthilfegruppen.

Auf die Einbindung der geförderten Gruppen durch die finanzielle oder materielle Selbstbeteiligung etwa in Form physischer Arbeitsbeiträge kann heute nicht mehr verzichtet werden.

Errichtung von Flutverteilungs-Staudämmen in Eigenbeteiligung der Zielgruppen in Baluchistan.

4. Dokumentation Sparen in Realkapital oder in Geldkapital?

Vormonetäres Zahlungsmittel (Raffra-Stoffe) an der Elfenbeinküste, das gehortet werden konnte. Die inzwischen erfolgte Monetarisierung erleichtert den Austausch zwischen Sparern und Investoren beträchtlich.

Erspartes Kapital in Form von Gold- und Silberschmuck, das von Frauen in Rajasthan (Indien) selbst bei der Getreideernte getragen wird, ist auch in den ärmeren Bevölkerungsgruppen vorhanden. Ob diese Sparreserven in Finanzanlagen bei Banken umgetauscht werden, um Zinserträge zu realisieren, hängt nicht nur vom Zinsertrag sondern auch von Sozialprestigeerwägungen, Sicherheit, Bequemlichkeit und Liquidität der Anlageform ab. In jedem Fall stellt Goldschmuck eine leicht bewertbare und leicht handhabbare Kreditsicherheit dar.

Anlage von Sparvermögen in Gold. Der Tag der Hochzeit hat für die gesamte Familie besondere Bedeutung. Familienschmuck und Geldgeschenke lassen Rückschlüsse auf die Vermögensverhältnisse der Familien zu. Aufwendiger Schmuck ziert Kopf, Hals, Hände und Füße der Braut. Für den Start in die Ehe erhalten die Brautleute von Besuchern und Freunden Gelddgaben. Schwester und Schwiegermutter nehmen die Geldscheine von der Braut entgegen. Es gilt, für bisher gehortete Sparreserven neue produktive Anlagemöglichkeiten zu eröffnen. Hier müssen die Banken heute initiativ werden, um solche Ersparnisse denen temporär zur Verfügung zu stellen, die sie investieren können.